国家自然科学基金项目成果·管理科学文库

Cloud Migration and Deployment for Enterprise Applications
and Resource Management from Utility Optimization Viewpoint

效用优化视角下
企业应用迁移部署上云
与资源管理

李世勇 孙微 著

中国财经出版传媒集团

经济科学出版社
Economic Science Press

·北 京·

图书在版编目（CIP）数据

效用优化视角下企业应用迁移部署上云与资源管理/
李世勇，孙微著．－－北京：经济科学出版社，2023.11
（管理科学文库）
国家自然科学基金项目成果
ISBN 978 - 7 - 5218 - 5299 - 8

Ⅰ.①效… Ⅱ.①李…②孙… Ⅲ.①企业管理－计
算机管理 Ⅳ.①F270.7

中国国家版本馆 CIP 数据核字（2023）第 201234 号

责任编辑：崔新艳
责任校对：刘 昕
责任印制：范 艳

效用优化视角下企业应用迁移部署上云与资源管理

XIAOYONG YOUHUA SHIJIAOXIA QIYE YINGYONG QIANYI BUSHU
SHANGYUN YU ZIYUAN GUANLI

李世勇 孙 微 著
经济科学出版社出版、发行 新华书店经销
社址：北京市海淀区阜成路甲 28 号 邮编：100142
经管中心电话：010 - 88191335 发行部电话：010 - 88191522
网址：www. esp. com. cn
电子邮箱：expcxy@ 126. com
天猫网店：经济科学出版社旗舰店
网址：http：//jjkxcbs. tmall. com
北京季蜂印刷有限公司印装
710×1000 16 开 12.75 印张 210000 字
2023 年 11 月第 1 版 2023 年 11 月第 1 次印刷
ISBN 978 - 7 - 5218 - 5299 - 8 定价：58.00 元

国家自然科学基金项目成果·管理科学文库

出版说明

经济科学出版社自 1983 年建社以来一直重视集纳国内外优秀学术成果予以出版。诞生于改革开放发轫时期的经济科学出版社，天然地与改革开放脉搏相通，天然地具有密切关注经济、管理领域前沿成果、倾心展示学界翘楚深刻思想的基因。

改革开放 40 年来，我国不仅在经济建设领域取得了举世瞩目的成就，而且在科研领域也有了长足发展。国家社会科学基金和国家自然科学基金的资助无疑在各学科的基础研究与纵深研究方面发挥了重要作用。

为体系化地展示国家社会科学基金项目取得的成果，在 2018 年改革开放 40 周年之际，我们推出了"国家社科基金项目成果经管文库"，已经并将继续组织相关成果纳入，希望各成果相得益彰，既服务于学科成果的积累传承，又服务于研究者的研读查考。

国家自然科学基金在聚焦基础研究的同时，重视学科的交叉融通，强化知识与应用的融合，"管理科学部"的成果亦体现了相应特点。从 2019 年开始，我们推出"国家自然科学基金项目成果·管理科学文库"，一来向躬耕于管理科学及相关交叉学科的专家致敬，二来完成我们"尽可能全面展示我国管理学前沿成果"的夙愿。

本文库中的图书将陆续与读者见面，欢迎国家自然科学基金管理科学部的项目成果在此文库中呈现，亦仰赖学界前辈、专家学者大力推荐，并敬请给予我们批评、建议，帮助我们出好这套文库。

经济科学出版社经管编辑中心

2019 年 9 月

本书受国家自然科学基金面上项目的连续资助（批准号：71671159，71971188）

近年来，随着云计算技术的成熟与普及，越来越多的企业将应用迁移到云端，或者直接在云端定制个性化应用。富莱睿（Flexera）软件公司在 2021 年发布统计结果称，全球有 36% 的企业在公共云使用上投资超过 1200 万美元。华为云业务负责人称，越来越多的企业核心业务系统都将上云，云计算将成为企业的数字化底座，到 2025 年企业信息化技术解决方案都会在云上，90% 的应用都会部署在云上。不难发现，从互联网业务到企业的核心系统乃至整个企业都将建立在云上。云计算作为数字经济时代的重要基础设施，正从以资源为中心的 Cloud 1.0 时代及以服务为中心的 Cloud 2.0 时代，迈入以云原生软硬件技术为基础、软硬一体化、分布式部署的 Cloud 3.0 时代，推动企业数字化由初级阶段快速走向中高级阶段。由此，云计算推进数字化转型、打造数字经济新优势已成为社会各界共识。

2021 年 3 月，《中华人民共和国国民经济和社会发展第十四个五年规划和 2035 年远景目标纲要》指出，要加快数字化发展，建设数字中国，推进产业数字化转型；实施"上云用数赋智"行动，推动数据赋能全产业链协同转型。2022 年 1 月，国务院印发的《"十四五"数字经济发展规划》指出，推行普惠性"上云用数赋智"服务，推动企业上云、上平台，降低技术和资金壁垒，加快企业数字化转型。党的二十大报告更是明确提出"加快建设制造强国、质量强国、航天强国、交通强国、网络强国、数字中国"。2023 年 2 月,中共中央、国务院印发的《数字中国建设整体布局规划》指出,整体提升应用基础设施水平,加强传统基础设施数字化、智能化改造。2023 年 3 月 5 日,时任国务院总理李克强在 2023 年国务院政府工作报告中继续指出,未来要加快传统产业和中小企业数字化转型,着力提升高端化、智能化、绿色化水平,大力发展数字经济,提升常态化监管水平,支持平台经济发展。由此可见,在国家重大战略需求引领下,云计算技术将最终完成云上智能的进化,推进我国企业乃至产业数字化转型进程并最终实现数字中国的宏伟目标。

本书围绕企业多类型应用上云开展研究,从迁移部署进云效用优化的视角构建企业应用迁移部署上云与资源管理体系,提出多种不同场景下的企业应用云迁移和云部署的模型及算法,为加快企业数字化转型、推动企业平稳上云上平台提供重要的体系参考和管理借鉴。本书的研究成果包括企业应用迁移部署上云的参考体系框架,企业应用迁移上云的 SaaS 层服务质量优化,企业应用部署进云的 IaaS 层资源管理,企业弹性应用云迁移与带宽资源管理,企业弹性应用、非弹性应用、多类型应用云部署与云数据中心资源管理,企业应用云部署的云数据中心高能效资源管理,企业应用云部署的云数据中心公平资源管理等。对有志于从事企业数字化转型、数智化转型的读者,本书是一本较为合适的基础性书籍。

作者衷心感谢导师北京交通大学张宏科院士多年的鼓励和支持,感谢香港城市大学郭朋飞教授提供的国际合作交流平台。同时,感谢燕山大学经济管理学院提供的科研平台和科研环境,感谢课题组博士生刘欢、张芷源、李文哲、谢旭梦、王豪,硕士生焦琳、张悦、汪棪、苑凯博、张亚楠、徐敏等同学在课题研究过程中做的大量工作。最后感谢家人无私的支持和奉献,没有他们的一贯支持,这项工作是不可能完成的。

笔者关于企业应用云迁移和云部署的研究工作得到了国家自然科学基金面上项目的连续资助(批准号:71671159,71971188),在此，对国家自然科学基金委员会表示衷心感谢。同时，本书也得到了燕山大学经济管理学院学术著作出版资助，对此一并表示感谢。

由于作者水平有限，不足之处在所难免，欢迎广大读者批评指正，以求改进。

作　者

2023 年 8 月

于秦皇岛燕山大学

目 录

contents

第1章 绪　　论

1.1　研究背景与研究意义

1.1.1　研究背景

最近几年 IT 行业的热点一直都有云计算的身影，作为基础平台，在中国企业数字化转型（enterprise digitization transformation）的大环境下，如今已经不会再有人像过去那样去探讨什么是云计算技术，或者讨论企业应不应该将企业应用迁移部署上云等问题。云计算现在已成为许多企业的第一选择，是企业、机构、组织一致认同的通向未来的必由之路。云计算作为一种模式，既可以随时随地访问可分配计算资源（例如网络、服务器、存储、应用程序和服务）的共享池，又可以利用最少的管理工作完成快速分配和发布，或者与服务提供商进行交互（Peter and Timothy，2011）。云计算本质是为了给用户带来更好的使用价值，所以说它为使用云的企业带来的不仅是计算资源，更准确地说是云计算相关技术支撑下的一类服务，各类企业的 IT 体系架构在云计算的影响下发生了改变，并且促进了企业核心业务的数字化发展。云计算技术不仅向企业提供先进、安全和稳定的 IT 服务，同时还可以为企业大大降低数据存储和业务管理成本（Marston et al.，2011）。云计算被视为具有战略意义的重要基础设施，其在企业数字化转型及企业数智化决策管理过程中发挥着巨大的促进作用。

中国的云计算市场虽然起步较晚，但其最近几年的发展速度很快。2023 年在北京召开的可信云大会公布，2022 年我国云计算总体规模是 4500 亿元，相比 2021 年提高 40%，到 2025 年市场规模预计将突破万亿元大关。中国信通院云计算与大数据研究所副所长栗蔚解读《云计算白皮书（2023 年）》[①] 时指出，人工智能大模型的快速发展引发数字应用使用方式和算力资源供给的双向变革，云计算作为数字世界操作系统的价值正在全面展现。一方面，云计算向下重新定义算力资源使用方式；另一方面，云计算向上定义数字应用新界面。同时，云计算催生算力服务新范式，在架构层面，云计算支撑算力服务从以计算为中心向以数据为中心过渡；在能力层面，云计算驱动算力服务创新发展，实现异构算力泛在接入；在模式层面，云计算催生全新的算力交易模式，算力服务交付内容转变至根据使用者的计算任务交付计算结果。

对于传统的企业业务管理方式而言，其主要是选择专用的服务器，或建立自己的机房，或租用独立的服务器，来响应终端用户的服务请求。而近几年来企业业务数据量迅猛增长，云计算技术应运而生。云计算通过虚拟化技术将 IT 资源整合成大规模可扩展的资源池，并且以互联网作为载体提供软件即服务（Software as a Service，SaaS）、平台即服务（Platform as a Service，PaaS）基础设施即服务（Infrastructure as a Service，IaaS）等多种形式的服务。云计算具有使用简单方便、降低企业大量软硬件成本、节约企业自身运营与维护成本等优势，因而受到企业的关注与应用。国内许多大型互联网公司都搭建了云数据中心，将本地的企业数据业务迁移进云来响应服务请求，其中部分大型互联网公司为中小型企业提供云数据中心的租赁服务。同时，我国政府也大力倡导发展互联网行业，进一步明确了发展云计算、大数据、物联网、工业互联网、区块链、人工智能、虚拟现实和增强现实的数字经济重点产业。

因此，对于大部分的企业来说，在云计算技术带来的低成本、高质量 IT 服务等优势的支撑下，云计算成为其部署数字化服务和应用程序的第一选择。云计算的优势推动了企业由过去的在自身内部部署软件转向云端的迁移部署（Andrikopoulos et al.，2013）。云迁移部署（cloud migration and deployment）是把部分或全部应用程序和组织资源迁移部署到云端中并对其进行管理的过程（Subashini and Kavitha，2011）。云迁移也是企业将应用或业务从传统的本地平

① 中国信息通信研究院. 云计算发展白皮书（2023 年）［R/OL］.［2023 - 7］. http://www.caict.ac.cn/kxyj/qwfb/bps/202307/t20230725_458185.htm.

台向云平台的迁移，同时保留企业系统主要组件的功能，以减少对现有操作和业务组件的影响（Wu et al.，1997）。云计算平台的优点在于强大的存储能力、计算能力、服务多样化以及高性价比（Dutta et al.，2013）。从传统制造业、政府政务部门、金融行业，到移动社交与网络游戏，大型互联网电商企业都已接受并将其业务部署到云计算平台，尤其是传统行业，如银行和政府政务服务部门从最初对云计算不了解转变为测试和逐步迁移部署，到现在传统行业的数字化转型都离不开云计算作为其数字化基座。在云计算市场中各个云计算服务商的激烈竞争也推动了云计算服务的发展与应用，在各个服务商的竞争中也慢慢地降低了云计算服务的价格。对于企业来讲，不管是出于安全考虑还是成本因素考虑，将应用迁移部署进云都会逐步成为一个必然选择。因此，随着云计算技术的不断成熟与企业数字化转型的现实需求，越来越多的企业选择将应用程序或服务迁移到云端，以达到节约企业内部网络资源和成本的目的。

与此同时，云数据中心（cloud data center）承载了各种类型的服务和应用，由此，企业应用程序的迁移部署和云数据中心的资源管理显得尤为重要。如在资源分配的过程中合理的资源分配算法可以缩短迁移时间，提高计算速度，减少能耗和网络负载（Mell and Grance，2017）。从云数据中心的角度考虑资源分配的目标，是在计算能力（CPU、存储、内存等）一定的前提下，为用户合理地分配资源，提高资源的利用率，降低开销成本，最大化收益，同时最小化应用程序的迁移时间，从而提高用户满意度。从用户的角度考虑将企业应用迁移至云端的目的是使应用程序的效用最大化，节约企业本地的网络资源。效用是企业将其应用迁移至云端所获得的服务效果，也可以理解为企业用户的满意度，不同形式的效用函数代表着不同形式的满意度。效用函数为云计算系统建立了一个自我优化的评价标准，在资源的分配过程中，它负责资源利用率和服务质量的评判（邹金和，2016）。

互联网企业和研究学者对云计算都非常关注，云计算服务为企业用户带来便捷的同时也显现出了一些问题，云数据中心服务的提供商和企业用户都想在交易的过程中实现自身利益的最大化。因此，构建企业应用迁移部署上云的优化架构，提出云数据中心合理的资源管理机制，从而保障双方利益实现其迁移部署的效用优化，成为当前企业数字化转型领域研究的重点。

1.1.2　研究意义

云计算是近几年 IT 领域比较热门的研究方向，云计算时代的到来不仅改变了互联网的技术基础，而且还对整个 IT 行业产生了深远影响。用户对云计算的关注度日益上升，许多企业将本地的应用程序与数据资源都迁移至云端，所需要的计算能力、存储和带宽都由数据中心提供。如果云平台所承载的任务量暴涨，那么，加快处理效率、缓解平台压力势在必行。所以合理的资源管理机制对于云数据中心和用户都尤为重要。

目前，关于云迁移部署过程中资源管理算法的研究层出不穷。用户将数据业务或者应用程序迁移部署进云端除了完成任务之外，还进一步追求业务迁移部署的服务质量（Xu and Li，2016；Rankothge et al.，2017）。比如，最小化数据业务或者应用程序从企业本地迁移至云数据中心的迁移时间，最大化迁移进云端的应用程序为用户带来的效用等。而云资源提供商以业务迁移部署的服务质量为基础，目的是实现企业用户业务迁移部署的满意度，进而提高用户在云平台的黏性。中小型企业是云数据中心主要的服务对象，研究者提出了多种云资源分配算法来保证服务质量。

此外，计价方案也是云数据中心和用户共同关注的问题。目前市场有两种计价方式。一种是"租赁"方式，即企业用户在云数据中心租用一定数量的服务器来存放地的一些业务。用户只需根据租用时间和服务器的数量向云数据中心支付费用，在租用期间这些服务器只为付费企业使用，但是企业任务执行完后，租用的服务器会处于空闲状态，在短时间内造成资源的浪费。另一种是"即付即用"方式，即根据用户提交的每一个任务直接付费，根据任务量及服务时间来收取费用。这种计价方式中，企业用户会处于被动地位，往往不会有太多的考虑时间。这两种计价方式很难确保用户在获得一定程度的满意度同时支付最少的费用，因此，部分学者提出云资源分配算法，得到用户与云资源提供商共同接受的计价方案。

本书研究的重要意义总结如下。

1. 基于市场机制的企业应用云部署实现跨层效用优化与资源分配

本书借鉴市场经济学中的市场机制，建立企业应用云部署跨层效用优化与资源分配模型。市场机制非常适合解决云背景下的资源管理问题,市场机制中的价格变化反映了市场中资源的供需关系。在云计算服务中,在服务层的 SaaS 提供商和底层的 IaaS 提供商之间的资源分配,以及在服务层的 SaaS 提供商和上层的 SaaS 用户之间的服务优化,往往都是站在自身角度分析优化问题,并没有将整个云服务过程中的三方作为整体来考虑,本书从云计算整体的角度将资源层与服务层的优化问题统一考量,最终给出企业应用云部署的跨层效用优化和资源分配建模。

在企业应用云部署资源分配过程中,SaaS 提供商从 IaaS 提供商处购买资源,然后将软件以服务形式提供给 SaaS 用户。SaaS 提供商最大限度地减少使用 IaaS 提供商资源的成本,并希望通过满足 SaaS 用户请求来使其自身利润最大化。SaaS 提供商还需保证满足 SaaS 用户的服务质量要求。IaaS 提供商向 SaaS 提供商提供虚拟机,并负责调度虚拟机映像以在其物理资源上运行。因此,IaaS 提供商将云的物理资源租赁给 SaaS 提供商,并从 SaaS 提供商处获得收入。SaaS 提供商根据他们拥有的最新价格信息购买云资源,利用市场机制的调节来完成云计算资源在 IaaS 提供商、SaaS 提供商和 SaaS 用户间的分配。

2. 构建企业多类型应用云迁移部署的体系框架与优化资源分配

云资源提供商和企业用户是云计算平台的两大参与者,云数据中心的资源分配问题对二者都有重要的意义。企业应用云迁移部署的过程中,合理的带宽资源分配能够有效地缩短企业应用迁移进云的传输时间,同时节省传输过程中带宽的消耗。为每个应用分配合理的云数据中心物理资源,能够在实现企业用户效用优化的同时提高云数据中心资源利用率,对云资源提供商而言,最优的云资源分配能够降低云数据中心的成本。

本书从用户的角度考虑迁移的完成时间,建立了企业应用云迁移带宽资源分配模型,以迁移完成时间最小化为目标实现带宽资源的最优分配,并设计了基于梯度的带宽资源分配算法。本书从用户体验角度考虑了迁移之后的应用程序为用户带来的效用(即用户的满意度),同时从云资源提供商角度考虑了云数据中心为应用程序分配云资源的成本,提出了企业弹性应用(elastic applications)、非弹性应用(inelastic applications)、多类型应用云部署资源分配模型,以迁移之后的应用程序为用户带来的效用最大化的同时云资源提供商的成本最小化为目标,实现云部署资源的最优分配。本书得到了在云迁移过程中用户为应用支付的价格与云资源提供商为其分配资源而收取的价格之间的关系，为实现最优资源分配、为云资源提供商及企业用户制定最优价格策略提供了理论依据。

3. 实现企业定制云中业务优化部署与高能效资源优化调度

本书从企业效益最大化的视角出发，将企业定制云中的业务部署与资源调度问题构建为一个排队模型，考虑请求等待时间、服务时间、用户满意度等指标，寻找达到用户满意度和减少运行维护成本两者之间的最优平衡点，更加考虑了企业的实际需求。另外，本书提出了一种新的企业定制云业务优化部署与虚拟机高能效资源优化分配算法，并对不同公平性条件下的资源分配情况进行了讨论，研究成果可用于云计算虚拟机资源分配机制及算法研究的设计与优化。

本书更加契合了企业对云计算服务的实际需求，同时实现更低运行成本，从而减少企业的开支，得到了两者之间达到平衡时的最优表达式，并通过仿真实验进行了验证，为实现企业定制云业务优化部署和云数据中心高能效资源管理优化决策提供了相应的理论依据。不仅对企业定制云业务部署的资源分配有借鉴意义，对其他形式的企业业务云部署和资源管理决策也具有重要借鉴意义。

1.2 国内外研究现状

1.2.1 企业应用云迁移与云部署

将企业应用程序迁移进云的本质是将现有的操作系统迁移到云平台，同时保留遗留系统的主要功能组件，目的是尽可能减少对现有操作和业务组件的干扰。近年来，研究学者对企业应用程序迁移到云环境进行了一些研究。例如，骆景尧等（Low et al., 2011）提出了企业应用云部署的考虑因素，指出企业应用迁移进云的可行性。侯赛尼等（Hosseini et al., 2011）在研究了将企业 IT 系统迁移到 IaaS 云的案例后，总结了云迁移的好处和主要关注点。张伟青等（Zhang et al., 2009）介绍了将企业遗留应用程序迁移到云计算平台的主要过程。邱维维等（Qiu et al., 2014）提出了一种基于可靠性优化方法的企业应用程序迁移体系结构。作为一篇综述，古拉米等（Gholami et al., 2016）从迁移过程的角度详细总结了云迁移方法，并指出了未来发展趋势。阿斯姆斯等（Asmus et al., 2016）详细调查了云部署问题，并讨论了可能影响云部署复杂性的各种因素。李世勇等（2019）提出了企业应用云迁移与云部署的整体思路和框架，指出了云迁移和云部署的基本思路和流程，并展望了未来的发展趋势。拉姆斯登等（Ramchand et al., 2021）通过应用程序组合分析和应用程序组合评估讨论了企业应用迁移和部署进云的可行性及可能的路径。李世勇等（Li et al., 2023）给出了企业多种类型应用云迁移和云部署的框架体系，并且设计了相应的资源管理算法。

合理分配资源以将多种类型的企业应用程序部署到云中是非常重要的，但也具有挑战性。研究者们在云迁移和部署中的资源分配问题上已经做了一些工作。黄道超等（Huang et al., 2014）提出了一种应用程序的云迁移策略，其目标是实现迁移安全性与迁移成本的折中。宋飞等（Song et al., 2014）提出了一种基于凸优化理论的新型虚拟机资源部署方案，用于解决大规模现代数据中心的节能和可扩展性问题。李世勇等（Li et al., 2019）研究了将弹性应用程序迁移到云中的场景，并引入了资源分配的凸优化模型，设计了弹性应用程序迁移进云的资源分配算法。李世勇等（Li et al., 2023）又研究了非弹性应用程序迁移进云的场景，利用智能优化算法设计了非弹性应用迁移进云的资源分配算法。梁斌等（Liang et al., 2021）和吴全旺等（Wu et al., 2019）都旨在降低云数据中心的能耗，并支付有限的迁移成本，以尽可能多地节省能源。此外，还有一些有趣的工作致力于云迁移和部署的算法。阿达格纳等（Ardagna et al., 2012）提出了多模云方法，旨在支持系统开发人员和运营商开发多个云，并根据需要将其（部分）系统从某个云迁移到其他云。莱曼等（Leymann et al., 2011）提出了一种云迁移方法和相应的工具链，允许应用程序开发人员和架构师对其应用程序组件和属性进行建模，并定义相关的应用组件拆分标准。奥谢等（Ochei et al., 2019）提出了一种基于模型的算法以及元启发式的四种变体，可用于部署多租户云托管服务，以保证多租户隔离的方式为部署云托管应用程序的组件提供近乎最优的解决方案。

作为一个服务模型，企业应用迁移上云后，云平台必须给用户提供一个稳定畅通的运行环境，并需进一步降低能源损耗来减少运行成本，从而提供一个高性能的运行平台。许多研究者从能源损耗、最大完工时间、负载均衡等方面来提高云平台性能。格茨和莎米拉（Getzi J and Sharmila F，2018）为了解决虚拟机不合理迁移时造成的性能退化，提出了一种组合预测技术来预测虚拟机的资源回收率。邱维维等（Qiu et al.，2014）提出了一个基于可靠性的优化框架，通过容错来提高云迁移过程中应用程序的可靠性。安得拉邦（Nagamani，2018）从企业用户的角度出发，提出了一种基于距离和流量的虚拟机迁移方法，将用户的服务请求放置在云数据中心中距离比较近的一组物理机上，有效地减少了服务请求时间。虚拟机站点间迁移通常发生在有限带宽（通常为广域网）上，而虚拟机的迁移会受到传输链路上信息量的影响，安妮斯等（Anis et al.，2018）设计了一个基于亲和性的虚拟机调度算法，通过考虑迁移组的组间流量来控制虚拟机的迁移顺序，有效地减少了迁移时间。在云迁移过程中，非计划迁移会对云数据中心运行的应用程序造成严重影响，导致性能下降，因此，格茨和莎米拉（Getzi L and Sharmila A，2018）提出了基于云数据中心物理机的资源利用率和作业到达率，将虚拟机迁移至合适的物理机上的虚拟机迁移技术。

1.2.2　云迁移部署与效用优化

云计算服务为用户带来便捷的同时，云服务中心也需要承担巨大的开销，包括云迁移技术的研发、基础设施的维护以及相关服务器等设备的能源消耗。相应地，用户获得相应的云服务支出的费用也会较高，因此许多研究学者从经济学的角度研究企业应用云迁移与效用优化，并分析云迁移过程中的云资源分配问题。

斯里坎泰亚等（Srikantaiah et al.，2008）研究了虚拟化异构系统中多层Web应用的请求调度问题，以便在满足性能要求的同时使能耗最小化。安德烈亚斯等（Andreas et al.，2009）讨论了节能云计算，提出了云的节能模型。加格等（Garg et al.，2011）利用云服务提供商的多个数据中心的异构性，考虑了许多能效因素（如能源成本、碳排放率、工作负载），提出了近乎最优的调度策略。阿布德萨拉姆等（Abdelsalam et al.，2009）为云计算环境创建了一个电源管理的数学模型，该环境主要通过 Web 服务等交互式应用程序为客户端提供服务。郑建超等（Zheng et al.，2019）研究了动态环境下移动云计算的多用户计算卸载问题，该研究证明了该随机博弈等效于一个加权博弈，提出了一种多智能体随机学习算法，最后进行仿真以验证算法的有效性，并评估其在动态环境下提高移动设备计算能力、降低能耗的性能。

使用云计算可以减轻由于集中计算而产生的能源成本，但当无线通信引起的能源成本大于移动设备上的能源成本时，仅将工作负载卸载到远程端并不能有效减少能源消耗。为此，盖可可等（Gai et al.，2018）着重于节能问题，并考虑将任务分配给远程云服务器或异构核心处理器时产生的能源浪费，通过将任务分配给异构核心来降低移动异构嵌入式系统的总能源成本，提出了能源感知异构云管理模型；最后经过实验评估证明，当在移动云系统中部署异构嵌入式系统时，模型提出的方法可有效节省能源。由于物理方面因素的限制，移动设备在内存容量、电池能量、处理能力以及其他特征方面受到限制，这样往往会导致许多应用程序无法在此类设备中运行，而边缘云计算解决了此问题，用户可以将无法运行的任务放到网络边缘的微云服务器。为了降低服务延迟和提高服务质量，罗德里格斯等（Rodrigues et al.，2017）设计了一个在拥有双微云服务器的情形下使服务延迟能够最小化的算法。此算法设计思路为利用变化传输的功率和虚拟机的迁移来减少传输延迟，通过仿真验证，该方案是解决相关边缘云计算中服务延迟问题的最佳方法。李世勇等（Li et al.，2021）利用斯坦克尔伯格博弈理论提出了企业应用迁移进云的博弈模型，实现了迁移成本的最小化和云数据中心资源能耗的最小化。李世勇和孙微（Li and Sun，2021）制定了将弹性应用程序迁移到云的效用最大化框架，并给出了弹性应用云迁移的资源管理算法。

考虑到企业应用云迁移与部署的成本及带来的收益，王晓进（2018）为了实现用户与云平台服务商双赢，构造了一个兼顾用户需求和云平台服务商利益的模型，利用遗传算法得出云资源分配的最优解，从而满足不同用户的需求，提高了企业用户的满意度。张爱科和符保龙（2014）为了有效管理与分配物理机资源，考虑了收益、成本、边际收益、边际成本等因素，以节省资源同时获得服务商的最大收益为优化目标，通过最大收益平衡点随着负载变化，构建了一种基于平衡点动态变化的云资源分配算法。殷波和张云勇（2014）

为了降低云资源提供商的成本，增加其运营收益，设计了面向成本优化的虚拟机资源分配方法；同时考虑了现货、预约和按需这三种不同的资源分配模式，引入了风险控制因子来规避现货市场的资源风险，制定了成本优化的资源分配方案，实现了虚拟机资源成本的优化，增加了云资源提供商的收益。冯国富等（2014）研究了基于服务级别的协议在不同用户间动态分配云资源以获得最大收入问题。该研究利用排队论模型把资源分配描述为基于价格机制、服务请求到达率、服务速率、可用资源等约束条件的数学极值问题，利用拉格朗日乘子法得出了具体的最优云资源量。张小庆和岳强（2014）针对用户对云资源的异构性需求，提出了基于协作式资源分配博弈策略，建立了资源分配的协作博弈模型，定义了协作博弈的用户效用函数和评估函数，证明了在该效用函数下协作博弈存在唯一纳什（Nash）均衡，并讨论了企业用户组建联盟对协作特征函数和整体效用的影响。陈俊杰等（2017）针对云资源成本较高的现象，结合预留计划、按需计划，提出了一个两阶段的云资源分配算法，并转化为确定性整数规划问题进行求解，从而降低云资源提供商的运营成本，同时也保证了较低的服务等级协议违约率。郑宇超等（2017）为了提高云资源分配收益，提出了基于时间服务因子资源定价机制下的资源分配算法。该算法将资源分配问题转化为队列模型，并构建了收益最大化函数，通过安全满意度因子和响应满意度因子得出了资源的定价方式，同时也考虑了定价、请求到达率、资源服务率以及可用资源量，得到了使云资源提供商收益最大化的资源分配策略。李泉林等（2014）建立了由多个云资源提供商组成的合作博弈模型，分析了该合作博弈的超可加性和核心非空性，并给出了云资源提供商及其联盟收益的资源分配方案，为云资源提供商提供了一种合理的收益分配机制。师雪霖和徐恪（2013）通过网络效用最大化模型，提出了一种云效用最大化模型，目标函数不再是完工时间最小化，而是效用最大化，并通过求解该优化问题得到虚拟机和物理机的映射关系，此外，还提出了该模型在真实云环境中具体的应用场景。云计算中资源的最优分配是在保证服务等级协议和服务质量的条件下实现的。

由此可见，云资源是根据用户需求分配的，云数据中心虚拟机或服务的迁移都是对物理机资源的划分，云资源的合理分配能够提高企业和云资源提供商的经济效益。由此可见，经济效益是企业进行云迁移的主要驱动因素（李世勇等，2019；Ramchand et al.，2021；Li，Liu，Li，2023）。

1.2.3　云数据中心资源分配与定价策略

资源分配过程中的定价问题往往也是学者们重点关注的。资源分配中的定价问题往往会对应着定价策略（Mihailescu and Teo，2010；Saure et al.，2010；Teng and Magoules，2010）。米哈伊莱斯库和泰奥（Mihailescu and Teo，2010）讨论了一种适用于在混合云上分配资源的动态定价方案，其中定价用于管理理性用户，用户从不同的提供商请求多种类型的资源。该定价方案旨在为用户请求分配多种类型资源。该研究最后通过仿真将动态定价方案与固定定价方案的计算效率进行了比较，结果显示，在动态定价的情况下，用户效用增加了。索尔等（Saure et al.，2010）使用多项式框架对用户替代行为进行建模并且考虑一类定价策略，提出一种简单、直观的算法，通过建模证明所提出的问题是近似最优的，提出的解决方案能在较短时间内满足用户需求，并讨论了该计算方法的实现。滕飞和玛格丽斯（Teng and Magoules，2010）研究了云计算中的资源定价和均衡分配政策，提出了一种新的资源定价和分配政策，用户可以预测未来的资源价格，并满足预算和期限限制。云服务的按需提供创建了服务市场，用户可以在其中基于价格或者质量等标准来动态选择服务。田中和穆拉卡米（Tanaka and Murakami，2016）提出了一种算法来解决准多项式时间内的服务选择问题，并给出了精确的解决方案，其实验表明所提出的算法可以解决实际的规模服务组合。对由混合云和公共云组成的云市场中马尔可夫流量的定价驱动型虚拟机收益最大化问题，杜琳娜（Du，2012）建立了聚合资源分配模型并进行数值测试，结果表明，混合云性能最佳，所建立的资源分配模型有助于优化池化资源分配。

作为用户和云提供商之间的中介，云服务经纪可以为云市场带来巨大利益。云服务经纪从云提供商处以较低的价格购买云资源，并以较高的价格将资源出售给用户。为了最大限度地提高自身利润，云服务经纪可能会将用户的请求分发到高能源消耗的云端。但是由于云计算的能源成本快速增长，云提供商需要优化效率，同时保持对租户的高服务水平性能。邱晨曦等（Qiu et al.，2015）将云服务经纪的利润最大化问题转化为云提供商的能源消耗成本最小化问题，并提出了针对云提供商的定价策略，最后在仿真和现实世界中的实验结果都证明了该定价策略有效地激励了云服务经纪，为云提供商节省了能源，并且与以前的算法相比，该算法在能效和资源利用方面具有优越性能。米安等（Mian et al.，2015）研究了多用户数据库系统作为公共云上的服务的成本效益问题，并建立资源供应问题模型，然后提出一个基于启发式的算法，选择具有成本效益配置的框架来解决它。该算法解决了虚拟机上针对工作负载和服务等级协议的特定资源需求问题。

在企业应用云迁移和云部署过程中涉及虚拟机的部署问题，为此，李阳（2017）研究了多虚拟机交互的虚拟机部署位置选择策略问题，分析了对问题优化的可行性，它的两个目标分别为资源损耗和电能消耗的最小化，从群智能算法的角度给出求解该问题的详细过程。朱宝珠和刘斌（2017）为有效降低数据中心的能耗，提出考虑低能耗的云计算虚拟机部署方法，分析资源利用率和能耗之间的联系，采用最优选择方式实现云计算虚拟机部署。汤小春等（2017）给出基于部分异步复制的云服务部署模型，来降低过多副本更新时消耗的成本。丁炜超等（2018）建立了云服务租户满意度模型，来减少虚拟机请求的周转时间，降低数据中心的资源损耗。为实现用户间高效地分配网络资源，杨震等（2005）提出了一种基于博弈定价理论的资源分配方案，并提出基于用户效用函数的分散集中式数学模型。苑迎（2015）从云环境下虚拟资源分配和虚拟网络映射两个角度出发，重点研究了网络虚拟化环境下基于不完全信息博弈的虚拟资源分配算法和适用于不同场景的虚拟网络映射算法。为了减少云服务资源配置中参与者的自私性带来的社会效益和个人效用的冲突，在所有参与者都是理性的常识性假设下，沈张果等（2014）针对云服务中的多类型资源配置问题进行了形式化描述，并给出了一种基于机制理论的分销定价机制。

1.2.4　云计算资源分配算法研究

云计算范例要确保基于已达成的服务等级协议来满足应用程序的服务质量要求。企业应用程序产生海量数据的背景下，优化带宽消耗、降低延迟和网络开销至关重要，相关研究也引起了国内外学者的普遍关注。通过合理的虚拟机资源分配可以减少数据的传输、节约能耗、减少管理和维护成本。此外，高效的虚拟机（virtual machine，VM）部署算法通过寻求最优数量的物理机（physical machine，PM）来承载虚拟机，从而提升物理机的资源使用率，降低企业运营成本。

由于虚拟机在云计算环境中物理机上的放置问题十分重要，虚拟机资源的高效分配一直是广大学者研究的关键点。理想的虚拟机放置方案应该减少未来虚拟机不必要的迁移，并增强云数据中心的效用及系统可用性。现在相关研究主要集中在云环境中虚拟机资源的优化分配上，寻求降低能耗（Beloglazov et al.，2012）、达到效用最大化的目标（Meshkati and Safi-Esfahani，2019）。大量文献关注数据传输时间的最小化问题（李水泉和邓泓，2018），同时考虑执行任务成本和执行时间的最小化问题（Abdi et al.，2017；Ruben et al.，2013；Maciej et al.，2015）。同时也有学者将研究的重点聚焦在绿色云计算（Khosravi et al.，2017；Mishra et al.，2018）和提高系统的可扩展性方面（Meng et al.，2010）。图尔斯等（Toosi et al.，2017）提到，在数据密集型应用中，不考虑数据传输时间将进一步降低资源调度算法的性能。他们在考虑输入数据文件的大小之后设计了算法，以动态决定需要多少公共云资源。国外也有学者设计了一个可在云上开发、可扩展应用程序的平台，为弹性应用提供具有服务质量保障的资源预留机制，同时开发了一种考虑现货市场机制和公共云预留资源价格的算法（Calheiros et al.，2012）。杜特勒等（Dörterler et al.，2017）提出了一种结构约束感知虚拟机放置方案，在很大程度上提升了部署在 IaaS 云上的应用性能和系统可用性。赛尼和阿南德（Saini and Anand，2017）将虚拟机放置问题表述为一种多目标蚁群优化算法，旨在使服务等级协议违约率及总资源功耗最小化。孙微等（Sun et al.，2020）提出企业应用云部署中虚拟机资源公平分配模型，设计了基于价格的资源分配算法，并利用李雅普诺夫稳定性理论讨论了算法的全局渐近稳定性。

沃内克和考德（Warneke and Kao，2011）讨论了云环境中高效并行数据处理的挑战和机遇，并提出一个数据处理框架，以利用 IaaS 云提供的动态资源分配机制实现数据的高效并行处理。吴琳琳等（Wu et al.，2011）为希望实现基础设施成本和服务等级协议违约率最小化的 SaaS 提供商提出一种资源分配算法。在该算法中，SaaS 提供商管理客户的动态变化，将客户请求映射到基础架构级参数以及处理虚拟机的异构性。朱倩和阿格拉沃尔（Zhu and Agra-wal，2012）研究了云环境中的自动和动态资源分配问题，考虑具有固定时间限制的问题以及特定任务的资源预算，提出了一种基于控制理论的动态资源分配算法。郭松涛等（Guo et al.，2019）探讨了在应用程序完成时间的严格约束下实现节能计算卸载中的挑战，提出了一个高效的资源调度和动态卸载策略，来减少能源消耗而且使任务完成时间减少，为此将问题构建为能源消耗支出最小化模型，并受限于时间约束条件和其他任务完成条件。王田等（Wang et al.，2019）为提高物联网和云计算结合在一起服务的效率，在云中建立了服务参数模板，在边缘平台中建立了服务解析模板，提出了一种新颖的架构，将信任评估机制和服务模板与基于云和边缘计算的平衡动力学相集成，以满足特殊的服务需求，并提高物联网和云计算结合系统的安全性和效率。瓦吉斯和伯娅（Varghese and Buyya，2018）总结了过去十年中云计算领域发生的巨大变化，为实现下一代云系统潜力与价值提出了应对挑战的路线图。

传统的虚拟机资源分配与部署研究往往基于单方面的考虑，因此，朱华旻等（2017）提出了一种基于开放虚拟格式文档的虚拟应用网络部署描述方法，最后给出了一种基于模糊决策的最终满意解确定方法。敬超和程小辉（2017）针对服务器内资源容量及虚拟机多类型资源需求情形，研究了虚拟机部署的时延优化问题，提出一种高效的虚拟机部署算法。颉斌等（2016）将服务部署优化问题建模为多目标组合优化问题，在多目标遗传算法的基础上设计了优化算法，该算法能使各个优化目标值较快地收敛到一个最优解，较好地帮助 IaaS 提供商在部署应用服务时进行有效规划和决策。薛克雷等（2016）针对云环境下在线虚拟机部署进行了研究，提出多维空间划分模型和在线虚拟机能效部署算法，避免多种维度下的资源非均衡利用。唐伦等（2017）给出一种网络效用最大化的资源分配算法，其仿真结果表明，该算法提高了服务用户的比例，实现了网络资源收益最大化。

1.2.5　国内外研究现状评述

国内外学者都对企业迁移部署中的资源分配问题做了大量研究，从不同角度、不同层面提出了优化算法来解决云迁移部署过程中资源的分配问题。总体而言，国外的研究相对丰富，但仍然存在不够完善的问题。与之相比，国内对云计算的发展及相关研究虽然起步晚，但发展进程较快。对企业应用云迁移和云部署的体系框架研究，对云数据中心降低能耗、提高资源利用率并保证服务质量水平以及用户满意度的研究，是当下的研究重点。除了前述的一些研究方法，比较常用的虚拟机放置方案主要是通过以下方法实现：负载均衡优化、装箱算法、模拟退火、禁忌搜索、随机规划法、混合整数线性规划。在现有的研究中，国内外学者都致力于用新的方法去解决能耗问题，考虑的目标比较单一，没有综合考虑云服务提供商角度和云企业用户角度，因此具有一定的局限性。

云计算是一个非常广泛的范畴，云资源分配问题的研究是其中的一个焦点。企业应用云迁移部署过程中，虚拟机资源分配应当考虑运维成本、系统资源使用率、用户满意度、企业应用部署进云的性能和所需时间等多个维度，以往的研究一般只选择一个目标来进行研究。随着对数据计算能力的要求越来越高，企业开始部署自己的私有云来规避可能面临的安全性问题。从企业角度来看，确保云服务性能和降低系统成本都是至关重要的。本书基于企业效用优化的视角，同时考虑可提供的服务质量及用户满意度，构建了企业应用迁移部署进云的体系框架和实施机制，建立了一系列企业应用云迁移部署效用优化模型，设计相应的云迁移部署资源分配算法，实现了企业应用云迁移部署的高能效资源管理。本书还利用丰富的仿真实验结果验证了企业应用云迁移部署的体系框架、模型算法、资源管理机制的有效性和可行性。

1.3　主要研究内容与研究方法

1.3.1　研究内容

（1）研究企业应用云迁移部署跨层效用优化与资源分配。SaaS 提供商从 IaaS 提供商处购买资源，并将软件以服务形式提供给 SaaS 用户。SaaS 提供商旨在最大限度地减少从 IaaS 提供商处使用云计算资源的成本，并希望通过保障满足 SaaS 用户的服务质量要求来最大化利润。IaaS 提供商旨在最大化利润，同时不超过自身的能耗上限，以便为 SaaS 提供商提供其所需资源。SaaS 用户的目的是获得优化的服务质量，确保在有限的支出预算和截止日期内完成其业务工作。因此，本书通过跨层效用优化的资源分配来使 IaaS 提供商和 SaaS 提供商的收入最大化，并且使 SaaS 用户获得优化的服务质量。

（2）研究企业应用云迁移的带宽资源分配。企业本地的应用程序和数据业务迁移至云端需要完成应用程序的传输任务，因此涉及云数据中心接入链路带宽资源的分配。为了提高企业用户的满意度，一个合理的带宽资源分配方案显得尤为重要。本书以企业应用云迁移完成时间最小化为目标，设计云数据中心接入链路带宽资源分配模型，通过分析得到最优带宽资源分配；设计带宽资源分配算法，给出算法的具体实现流程；给出企业应用程序迁移进云的云数据中心接入链路带宽资源分配数值仿真实验。

（3）研究企业弹性应用、企业非弹性应用、企业多类型应用云部署的云数据中心资源优化分配问题。当企业应用程序迁移至云数据中心后，需要为应用程序分配相应的物理资源（如 CPU、存储、内存），以使迁移进云的应用程序为用户带来的效用最大化，同时使云资源提供商的成本最小化。本书以此为目标，分别建立企业弹性应用、企业非弹性应用、企业多类型应用云部署的资源分配模型，分析得到各种情形中的最优云数据中心资源分配，并设计相应的云部署资源分配算法，给出算法的具体实现流程；同时，进一步讨论不同形式的企业应用程序云迁移部署效用函数时的最优资源管理；最后，给出企业弹性应用、企业非弹性应用、企业多类型应用云部署资源分配算法的数值仿真实验。

（4）研究企业应用迁移部署进云后云数据中心的高能效虚拟机资源调度问题。本书将企业私有云部署系统视为一个休假排队系统，将应用程序的服务请求看作该休假排队系统中的顾客，云数据中心的物理机相当于服务台。用户的请求进入队列后，由物理机来部署虚拟机进行资源分配，完成一次服务。排队系统将提升用户满意度作为目标，根据休假排队理论以及随机过程理论，构建企业定制云部署的虚拟机资源调度休假排队模型。本研究旨在在保障用户服务请求的基础上，满足服务等级协议，提高用户满意度，并在此前提下减少"服务台"的数量，即减少活跃物理机的数量。

（5）研究企业多类型应用云部署的云数据中心虚拟机资源公平分配问题。

在企业定制云中，能耗所占总系统成本的比例不断增加，不但造成了大量能源的浪费，对生态环境也会造成负面的影响，还会影响企业部署进云的应用程序的性能以及整个系统运维的稳定。所以对企业定制云而言，关键问题是如何在满足服务质量的前提下，使企业定制云数据中心的能耗降到最低，同时还要保证服务等级协议违约率在合理范围内。因此，本书针对企业定制云中虚拟机资源分配的优化问题进行研究，从降低企业运营成本的角度，构建基于云服务器效用最大化的资源管理模型，提出云数据中心虚拟机资源公平分配算法，并通过仿真实验，验证所提出的算法在实现服务器效用优化的同时，提升了企业定制云数据中心资源的利用率，并在很大程度上降低了能耗。

1.3.2　研究方法

（1）文献研究法。本书梳理了关于企业应用云迁移部署的用户效用优化与云数据中心资源分配的国内外研究现状，并进行了分析和总结，最后得出本书研究的主要内容。

（2）跨学科研究法。本研究涉及管理科学、系统科学、计算机科学的交叉领域，研究中，我们根据企业多类型应用云迁移部署的需求和云数据中心资源分配的特点，借鉴经济学原理实现多类型应用云迁移部署的效用优化建模，利用数学规划理论分析模型并设计相应的资源分配算法。在企业应用云部署的跨层优化中，对具有不同需求的三个层次实体采取不同服务定价，以产生最大收入或收益，使计算资源分配达到最佳水平。

（3）模拟分析法。本书通过仿真模拟实验，对企业多类型应用云迁移部署的云数据中心资源分配进行综合比较，并根据仿真模拟实验结果提出结论，以有效应用到实际场景中。

第2章 相关背景与理论基础

2.1 云计算简介

2.1.1 云计算概念

近年来企业业务数据量迅猛增长，同时，随着互联网技术与计算机技术的发展，云计算作为一种新型的商业计算模式应运而生。云计算已经成为向用户提供计算服务的范例，它可以在按需付费的基础上抽象出可扩展的、无限制的计算资源，并运行应用程序，通过互联网为远程数据中心的用户提供服务。云计算不仅可以为用户提供极其强大的计算能力和种类繁多的服务，并且用户连接互联网就能随时随地管理、配置和扩展自己所需要的资源。云计算是对物理资源的高度整合，提高了云计算资源的利用率，为企业应用程序和服务的迁移至云端提供了便捷。云计算是一个虚拟的物理资源池，它通过互联网技术向企业用户提供资源池内的物理资源，这项服务代表了计算机技术及其基础架构的发展方向，并从多方面影响企业发展。

在信息技术的演化过程中，云计算逐渐被划分为两个不同层次的概念，分别为狭义云计算与广义云计算。狭义云计算是 IT 基础设施的交付与使用模式，通过网络以按需和易扩展的方式来获取所需的资源（硬件资源、平台资源、软件资源等）。提供资源的网络被称为"云"。"云"中的资源在用户看来是无限扩展的，并且可以随时随地获取，按需使用，按使用的资源量付费。广义云计算是服务的交付和使用模式，通过网络技术以按需、易扩展的方式来获取所需要的服务。这些服务可以是基于信息技术的软件服务、带宽服务，也可以是其他任意服务。所有网络服务被企业用户理解为网络资源，各种类型的资源形成了巨大的资源池。

弹性和按需服务是使这些计算基础设施具有吸引力的主要特征。许多公司利用云技术来降低成本、提高灵活性和更快地响应客户需求。云系统也存在许多挑战,其中包括对资源使用、可扩展性和应用程序的特定资源分配。大多数企业都使用某种形式的云计算(或云模型)和服务来访问各种共享资源或服务,以减少运营支出和资本支出。因此,云计算受到了商业界和学术界的关注。云计算的主要信息技术是虚拟化,虚拟资源可以以各种方式独立管理和使用。

2.1.2 云计算服务模式

网络资源提供商把云数据中心不同类型的资源虚拟化为"云",用户可以根据需求通过终端设备发送指令享受云服务。云资源提供商根据企业用户的不同需求将云计算服务模式分为软件即服务(SaaS),平台即服务(PaaS)和基础设施即服务(IaaS)(Silva et al., 2018),如图2-1所示。

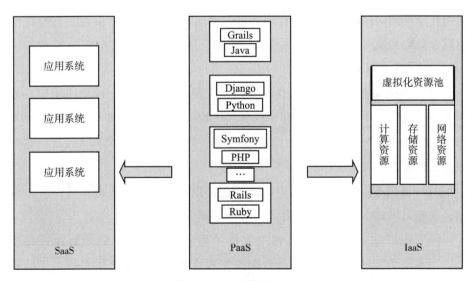

图2-1 云计算服务模式

资料来源:Silva F, Manoel C, Monteiro C. Approaches for Optimizing Virtual Machine Placement and Migration in Cloud Environments: A survey [J]. Journal of Parallel and Distributed Computing, 2018, 111: 222 – 250.

IaaS 层又称为基础设施层，包括计算能力、存储和网络带宽等物理资源，企业用户可以租用这些资源托管其服务。在虚拟化云中，使用该层的企业用户可以完全控制虚拟机资源，如选择使用哪个操作系统、决定用户的权限以及访问控制、安装所需要的应用程序和软件配置等。虚拟机是云数据中提供存储和计算服务的抽象单元，是一个完整的计算机操作系统，在单独的网络环境中运行。

PaaS 层位于 IaaS 层之上，为程序开发人员提供了编程环境，部署应用程序不用考虑底层的操作系统、平台安装和软件的执行配置。该服务层可以提供不同种类的编程语言环境、库和框架来运行应用程序。它可以托管应用程序所需要的平台工具，如应用程序服务器、Web 服务器和数据库管理系统。

SaaS 技术为企业和终端企业用户提供了便捷的操作，使其随时可以在互联网上获取所需要的应用程序。来自不同设备和物理位置的多个用户可以访问这些应用程序。这类应用程序在线为用户提供服务，用户无须考虑软件的许可认证。

如图 2-1 所示，SaaS、PaaS、IaaS 存在着逻辑层次关系。IaaS 位于底层将云环境中各种硬件利用 IT 技术整合成庞大的资源池；PaaS 位于中间层，它通过底层资源向用户提供应用程序的开发环境；SaaS 位于最高层，它能在应用层上操作和执行，同时又能在资源层直接完成。

云计算有四个特点。

（1）高可靠性。用户可将业务或相关应用程序迁移至云端而不用担心安全风险，云数据中心采用安全存储机制存放数据信息来保证安全性。用户也不用考虑软件的维护与升级服务，如漏洞修复、数据包丢失、黑客入侵等，这些服务云数据中心都会统一管理。

（2）低成本。云计算将用户的业务迁移到超大规模的集群系统中统一管理，企业无须对本地网络设备升级与维护，减少了成本开销。

（3）虚拟化。云计算通过虚拟化技术将云数据中心的物理资源进行整合，为不同类型的企业业务划分合理的物理资源，向用户提供多种类型的服务。由于用户的需求是动态的，所以云数据中心会根据用户的业务状态，动态为其分配资源，这样，不仅用户降低了业务开销，云数据中心也降低了资源消耗。

（4）服务多样性。用户的服务需求具有多样性，云数据中心可以为企业用户提供不同形式的服务，如基础设施的租用服务、企业数据业务的存储服务、企业软件的维护与升级服务等，云数据中心根据提供服务的类型制定相应的费用收取策略。

2.1.3　云计算关键技术

1. 虚拟化技术

云计算通过互联网为企业用户提供了便利，同时也节约了网络资源的维护成本，而云计算的实施需要以虚拟化技术为基础。虚拟化是云计算环境的核心技术，同时也构建了云的基础架构。虚拟机模拟计算机系统，呈现目标系统并且支持操作系统的执行。

虚拟机迁移是云计算虚拟化的主要操作之一，它允许虚拟机从一个主机移动到另一个主机。迁移虚拟机需要源主机和目标主机协调虚拟机定义及状态文件的传输（Ponraj，2019）。

虚拟机迁移过程包括三个步骤（Li，Feng，Hua，2019）。（1）选择过载或欠载的物理机，选择一个或多个虚拟机进行迁移。（2）执行虚拟机放置，选择物理机来托管要迁移的虚拟机并满足其资源要求，包括带宽、CPU、内存和存储。虚拟机放置是一项关键操作，用于确定托管虚拟机最合适的物理机或服务器，选择合适的主机对提高云计算环境中的电源效率、资源利用率和服务质量支持非常重要。（3）将虚拟机迁移到目标物理计算机中。当前的虚拟化技术允许非实时迁移和实时迁移，实时迁移使虚拟机能够轻松地将虚拟机从一台物理机重新定位到另一台物理机而无须将其关闭。非实时迁移需要先将目的物理机关闭，等待迁移完成之后目的物理机才能正常运行。

虚拟机迁移的关键是步骤（2），即执行虚拟机放置。虚拟机放置的动态优化就是动态调整物理机上虚拟机的位置，根据两者之间某些资源（如 CPU、内存、存储等）的约束减少物理机的负载，实现虚拟机从负载较大的物理机到负载较小的物理机的迁移（Xiao and Ming，2019）。虚拟机迁移的本质就是在资源利用率不高的物理机上为虚拟机划分一定的资源，虚拟机托管的企业业务执行服务指令（Tian et al.，2019）。虚拟机与物理机的组合方案有多种，在物理机上放置合理的虚拟机数量能够减少物理机的数量，在一定程度上能够降低云数据中心的成本开销和能源消耗，所以，一种高效的虚拟机放置算法尤为重要。

2. 分布式数据存储技术

分布式数据存储技术是利用虚拟化技术把云数据中心中处于不同位置的IT 资源集中在一起，构建多个虚拟存储设备，以互联网为工具的用户的数据业务保存在不同的资源节点里（Carlos et al.，2019）。因为云数据中心会承载较大的任务量，并且这些任务的属性不完全相同，所以要求分布式数据存储技术具备很大的吞吐量、高度的可扩展性和较高的稳定性。用户提交至云数据中心的任务会排成队列，等待处理的任务可能会发生错误，所以就需要该技术有很强的容错能力。

3. 分布式数据处理技术

云计算的优势越来越明显，所以许多企业都会将本地的数据业务或应用程序迁移到云数据中心处理，这就使得云计算的用户量越来越多。处理庞大用户的任务量是一个非常复杂的问题，而分布式数据处理技术能高效地处理云数据中心的庞大业务量，从而保证用户的满意度（Crofton et al.，2019）。MapReduce 就是处理庞大任务量的关键技术，是由谷歌公司提出的。这项技术能够用那些价格较低的硬件设备来处理较高级别用户的数据集合。MapReduce 的编程模型包含两个部分，即 Map 函数与 Reduce 函数，用户根据任务编写这两个函数，就可以处理云数据中心中的用户请求。该技术还向用户提供了编程技术人员更容易理解的接口。

4. 分布式数据管理技术

云计算环境面临的用户在不断增加，这就表示云数据中心会承载多种不同类别的数据，用户提交的服务请求也会不断增长。采用分布式数据管理技术可确保用户数据的安全性与稳定性，并且可高效地管理这些数据。由谷歌公司提出的 Bigtable 分布式数据存储系统就是这项技术的核心，这也是大多数云计算平台应用的技术，这项技术为云数据中心管理数据提供了便捷（Yang et al.，2019）。

2.2　云数据中心

2.2.1　云数据中心简介

数据中心是用来承载服务器以及数据中心网络（网络设备，如链路、交换机）的地方。数据中心通过专用链路和交换机连接这些服务器。大量的分布式处理应用程序（如云应用程序、搜索引擎、社交应用程序）通常运行在大型的数据中心中。数据中心最早出现在 20 世纪 60 年代初，它是信息领域的关键基础设施。随着社会的演变和科学技术的不断延伸发展，数据中心所包含的功能及内涵也在不断进化，其所具有的资源由一系列的硬件设备以及软件系统组成，其中硬件设备又可分为 IT 设备和非 IT 设备。软件系统主要包括各种操作系统、虚拟化平台、过渡件、业务系统软件、容灾机制的备份软件、存储系统软件等。

随着社会和科学技术的发展，企业或组织的应用逐渐由多个数据中心组成的云环境来提供云计算服务。多数据中心能够为不同地理位置的云用户提供成本更低、更加优质的服务。多数据中心之间可以互相提供备份服务，进而提升了服务的可靠性。

微软、亚马逊、谷歌等大型云计算企业部署了数目众多的数据中心，遍布世界各地，不论是第三方提供的还是其自建的多数据中心网络架构，都为其日常业务的开展及扩张提供着源源不断的生命力。当下数据中心已经成为数据密集型应用以及云应用的重要选择，而随着数据中心资源使用率的提升，企业可以减少硬件的部署及维护成本，减少人员的投入，从而获得更大的收益，但数据中心的运维成本难以缩减，其节能问题也是当下研究的难点和热点问题。同时，现有数据中心在资源灵活分配、系统可依赖性方面面临着更高的要求。据统计，有超过一半的数据中心存在着严重的资源浪费情形，系统内至少有20% 的物理服务器未得到高效利用。

虚拟化是增强数据中心可伸缩性最可行的方法之一。虚拟化数据中心通过虚拟化技术将各类资源聚集在一个大的资源池内，以 IaaS 服务的途径向外界供应云端资源并且支持共享。虚拟化数据中心是云计算的基础。

2.2.2　云数据中心体系结构

云迁移是将部分或全部的企业资源（或应用程序）部署到云中进行管理的过程，它涉及企业的应用程序从本地数据中心迁移进云数据中心。云服务提供商搭建云数据中心的方法大不相同，因此业界还没有固定的搭建云数据中心的方法，但是基本的体系结构是大致相同的。云数据中心的体系结构有四个层次（如图 2-2 所示），从底层到上层依次是：物理资源层、资源池、管理中间层和面向服务架构（Service-Oriented Architecture，SOA）构建层。

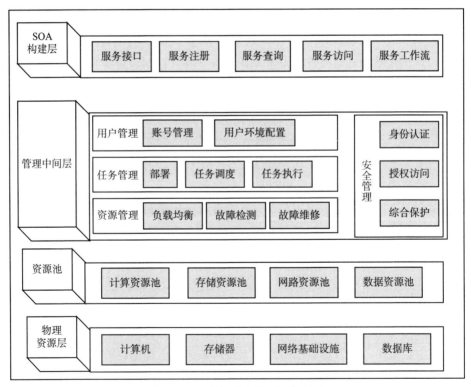

图 2-2　云数据中心体系结构示意

资料来源：张悦. 企业弹性应用云迁移的资源分配优化模型与算法研究 [D]. 秦皇岛：燕山大学，2020.

（1）物理资源层。该物理资源层是由分布在云数据中心不同位置上的硬件通过网络连接形成的物理资源网，包括计算机、存储器、网络基础设施等硬件设备。

（2）资源池层。虚拟化技术将各种网络资源整合成多类型的资源模块，如计算资源池、网络资源池、存储资源池和数据资源池等。

（3）管理中间层。该层次是云数据中心的管理层，主要包含四个管理模块，即用户管理、任务管理、资源管理和安全管理。用户管理模块主要负责用户注册账号、用户应用环境配置等，这是云数据中心完成商业化的根本保障。任务管理模块是管理用户提交的服务请求，如虚拟机的部署、任务调度以及任务执行等，这些操作能够快速响应用户的服务请求。资源管理模块主要负责底层资源的管理，保证整体资源状态是均衡的。通过监控寻找故障节点并及时进行维修，这些操作能保证云数据中心的每一个资源节点都能正常运行。安全管理模块主要负责云数据中心所有数据的安全性，包括授权登录访问、用户的身份认证、信息找回等，这些操作使用户的隐私不会被泄露，并且保证各种云服务设备的安全运作。

（4）SOA 构建层。该层次将服务分类并进行管理，云计算将不同类型的服务接入特定的 Web 服务器中，比如：音频服务请求和视频服务请求会接入不同的服务器来响应。

2.2.3　云数据中心主要分类

云的分类主要有四种。

（1）公共云。公共云可以供第三方云服务提供商（如谷歌、亚马逊、微软等）使用。例如，谷歌云数据中心的服务器超过 45 万台，并且有支持公共云的基础设施。公共云并不表示用户的经营数据是公开可见的或者是不安全的，公共云服务提供商通常提供访问控制机制和用户的安全管理机制。

（2）私有云。私有云是由组织内的 IT 技术部门设计和管理，用户可以在单独的网络上提供云服务。它的服务对象大多是公司，不会对普通用户开放。在私有云服务中，企业的经营数据在组织内进行管理，不会受到网络带宽或安全风险的影响，没有使用公共云服务需要的法律要求。

（3）社区云。多个组织共享社区云的基础架构，它由第三方管理，存在于本地或非本地。

（4）混合云。混合云是可互操作的公共云，是私有云和社区云的一种组合。企业用户通常将非关键组织信息的管理外包给公共云，而将关键性的业务信息保留在本地数据中心。

2.3 云计算资源分配

2.3.1 云计算资源分配框架

云计算中虚拟机的调度本质是云资源的调度，云数据中心会根据整体资源的状况，结合用户的需求，对资源进行统一的合理分配。用户只需要获取云计算资源，而无须了解云数据中心资源节点的分布和虚拟资源的分配。图 2 - 3 是虚拟机调度框架，它包括四个模块，即用户请求模块、负载均衡器模块、物理机托管虚拟机模块和虚拟机动态调度模块。

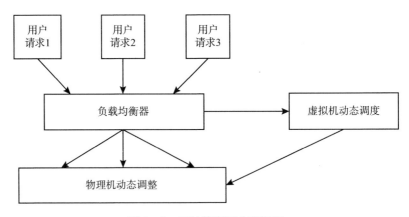

图 2 - 3 云计算资源分配框架

资料来源：张悦. 企业弹性应用云迁移的资源分配优化模型与算法研究［D］. 秦皇岛：燕山大学，2020.

（1）用户请求模块。用户可以从智能设备、个人计算机等电子设备向云数据中心提出服务请求，这些服务请求在云数据中心自动形成等待运行的任务队列。

（2）负载均衡器模块。负载均衡器模块根据云数据中心整体资源利用情况将接收到的服务请求分配到合适的虚拟机中。

（3）物理机托管虚拟机模块。物理机是云数据中心重要的资源，它提供响应服务的环境。

（4）虚拟机动态调度模块。在这个模块中，云数据中心可以设计多种虚拟机调度算法，将虚拟机迁移到合适的物理机运行。

为云数据中心虚拟机分配资源，是在多种约束条件下达到优化目标的物理机资源分配过程。在这个过程中，用户的服务请求被分配到虚拟机上运行，同时，根据用户的服务请求给虚拟机划分资源量。所以，应该确定优化目标与约束条件，而约束条件一般是云数据中心资源的利用率、企业用户的满意度、云资源提供商的收益、成本等。

2.3.2　云计算资源分配特点

（1）资源的差异性。云计算服务的使用用户量不断增加，用户需求也是多类型的。为了满足不同用户的需求，云计算资源的配置也是不完全相同的，例如为虚拟机划分的物理资源（CPU、存储、内存等）是不完全相同的。

（2）云计算平台的异构性。云计算服务平台是由分布在不同位置上的多类型物理资源组成的大规模服务平台，物理资源的差异性使云计算平台具有很强的异构性，每一个云计算服务平台都有专门的资源管理体系。

（3）保证用户的满意度。云计算平台服务于企业用户，根据企业用户支付的费用，完成用户的服务请求。云数据中心为用户提供服务不仅要考虑自身资源的利用率和收益，还要保证用户在最小支出的情况下，更好地为用户提供服务，例如云迁移的时间最短。

（4）可扩展性。企业用户对云数据中心物理资源的需求并不是恒定不变的，会根据自身业务的经营状况改变对云资源的需求，这就要求云服务平台有很强的可扩展性，从而能够最大限度提高用户的满意度。

云计算平台每天会接收大量用户的服务请求，云数据中心单个物理机的资源量是有限的，因此，要提高用户的服务请求速度，缓解云平台的响应服务压力，一个高效的云资源分配方案非常重要。云计算资源的分配策略主要包含以下三个关键因素。（1）优化目标。云服务平台的主要参与主体是企业用户和云资源提供商，所以优化目标应该最大限度满足这两个主体的需求，例如考虑云数据中心的资源利用率或者成本收益，同时还应该考虑企业用户支付的费用，提高企业用户的满意度。（2）资源分配算法。云计算资源分配是通过设计的资源分配算法来实现的，一个高效的资源分配算法非常重要。（3）系统架构。这与云平台数据中心的基础架构有关，资源分配的架构大多数都是分布式的。

2.3.3　云计算资源分配算法

典型的云资源分配算法主要有两大类。

1. 传统资源分配算法

在云计算发展初期，云数据中心主要采用轮转调度资源分配算法、加权轮转资源分配算法、最小链接资源分配算法、加权最小链接资源分配算法等。以上这些资源分配算法易于实现并且操作简单快捷，对云数据中心的性能要求也不高，能够在最短的时间内协调物理机与虚拟机的映射关系，减少云数据中心物理机负载过大和物理机资源利用率不高的现象。传统的云计算资源分配算法实现的目标具有单一性，比如提高了云数据中心物理机的资源利用率，但不能同时保证企业用户的成本利益。随着能够提供云服务的企业越来越多以及用户需求的多样性发展，传统的资源分配算法已经不能同时满足云资源提供商和企业用户的利益，所以，启发式算法被广泛应用到云计算资源分配过程中。

2. 启发式算法

云数据中心资源的最优分配是云计算中比较难处理的问题，而云资源分配本质是为虚拟机划分一定数量的物理机资源。云数据中心的物理机与虚拟机的组合方式有很多，找到合适数量的物理机托管虚拟机非常困难，而启发式算法能够在较短的时间内从多个可行解中找到一个满意解。求解多目标优化问题经常会用到遗传算法、蚁群算法和粒子群优化等启发式算法。跟传统的资源分配算法相比，启发式算法能够解决多目标约束优化多解问题、动态优化多解问题等。

遗传算法借鉴了生物学中进化现象，包括遗传、突变、自然选择等现象。这种算法通过计算机模拟来实现，在具体的优化问题中，一定数量的候选解代表的种群会向更优解方向进化，通过计算概率将处于劣势的解逐步淘汰，不断搜索最优解，但是这种算法在搜索最优解的过程中收敛速度较慢。

蚁群算法是用来搜索最优路径的概率型算法，这种算法借鉴了蚂蚁寻找食物发现路径的现象，特征为分布计算、启发式搜索和信息正反馈等，本质为进化算法中的一种全局启发式优化算法。基于蚁群算法的资源分配策略在寻找最优解的过程中存在缺陷，这种算法全局搜索能力比较差，可能会陷入局部最优解中而仅找到次优解。

粒子群优化算法是一种基于群体协作的随机搜索算法，是通过模拟群鸟觅食现象而发展起来的。该算法适用于连续优化问题的求解，而云计算中为虚拟机划分资源是一个离散问题，标准粒子群优化算法不能直接应用。

以上算法均有不足之处，所以本书提出一种基于价格机制的资源分配算法来得到物理机资源的最优分配，即为虚拟机划分资源。

第3章 企业应用迁移部署上云的体系框架

3.1 企业应用迁移部署上云的过程

3.1.1 企业应用迁移部署上云准备

为了促进并加快企业数字化转型，很多企业已经或计划将业务和应用程序迁移到云端上，而这可能面临着应用性能降低，关键业务和应用安全性受到威胁等问题。虽然迁移到云端可以显著降低企业的基础架构成本，但同时也会增加数据通信的成本，因此企业在迁移前必须充分考虑企业业务或者应用程序是部署到本地的服务器上还是采用云服务。

企业用户在获取云服务时得到的质量保障是非常重要的。因为云企业用户无法控制由云服务提供商管理的计算资源池，因此当企业将其核心业务迁移进云服务提供商的云数据中心时，云服务提供商必须确保这些资源的安全与业务的功能（Ramchand et al.，2021）。云服务提供商和企业用户之间的服务等级协议能够减少二者对业务迁移进云后的期望差异。

企业将业务和应用迁移到云端之前的第一个先决条件是确保了解云计算设计原则，并了解计划迁移的应用程序的特征和要求。企业应用迁移的 SaaS 实现相对简单，而 PaaS 和 IaaS 实现则需要更多的专业知识。每个供应商的技术架构都有所不同，并以不同的方式收费。如果企业在将业务和应用迁移到云端之前充分考虑了应用程序的工作方式，就能够减少迁移后应用程序性能无法达到预期目标这类意外情况的发生。

3.1.2　企业应用迁移部署上云分类

这里简要概况企业应用云迁移类型，以便区分目前经常用到的几种云迁移技术。企业应用迁移部署进云的形式如图 3-1 所示。

（1）使用云服务替换组件。这是迁移率最低、使用最少的迁移类型，其中一个或多个组件（架构）被云服务所取代。这种迁移可能会触发一些重新配置活动和适应活动，以应对可能的兼容性问题。

（2）应用程序功能部分迁移到云。此类型需要将一个（或多个）应用程序层或一套架构组件迁移到云中。

（3）将整个应用程序软件迁移到云。这类迁移需要企业内部维护硬件组件，然后享受云中的软件交互。大多数应用程序都会选择这种迁移类型。

（4）"云化"应用程序。这需要完整迁移整个应用程序和组件。对于大部分的传统企业来讲，仍有许多应用程序运行在传统架构中，其业务逻辑复杂度往往很高，又要面对业务上云，这就需要将数据和业务逻辑迁移到云，对传统企业 IT 架构进行必要的升级。

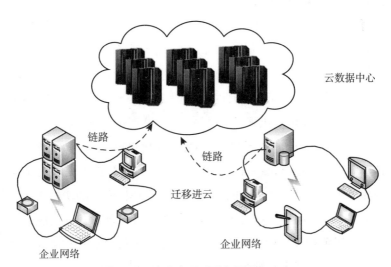

图 3-1　企业应用迁移部署进云示意

资料来源：Li S, Zhang Y, Sun W. Optimal Resource Allocation Model and Algorithm for Elastic Enterprise Applications Migration to the Cloud [J]. Mathematics, 2019, 7（10）：909.

3.1.3   企业应用迁移部署上云策略

按照云服务模型展开的分类，可以将云迁移策略分为 3 类，而其中迁移到 SaaS 策略又细分为 3 个子策略。

（1）迁移到 IaaS。IaaS 是服务供应商为企业提供硬件设施的基础服务，云用户通过互联网获得存储、计算资源。此策略仅通过将旧系统移植到云端来实现迁移，目前是企业最常采用的迁移策略。云端的服务器与存储设备全部放在云供应商的机房内进行统一管理，迁移策略相对简单，同时也节约了云用户服务器的占地资源和维护成本，使 IaaS 更具成本优势。

（2）迁移到 PaaS。PaaS 是一种应用程序的开发和部署平台，属于应用开发环境。PaaS 为用户提供硬件和一定数量的应用程序软件，如数据库、中间件和开发工具。传统的软件开发需要在本地配置的开发环境中实现，而在 PaaS 中，软件开发者不用在本地配置环境，不用购买硬件设备，开发者在云平台上就能开发出新的应用，还可以给原有的应用扩展新的功能。PaaS 能够帮助传统企业根据其自身特点将企业业务与 IT 架构紧密结合，能够更好地帮助传统企业基于企业特色进行数字化转型。

（3）迁移到 SaaS。SaaS 指云供应商通过互联网提供特定的软件产品和服务。根据服务商对 SaaS 进行修改并重新设计 SaaS 的程度，此策略又可分为 3 个子策略。在第一个子策略中，商业云交付软件完全取代了传统系统。一般云用户迁移至通用型的 SaaS 多为此类子迁移策略。此类迁移策略不受客户所在行业的约束，并为其提供通用的服务，常见产品种类包括企业资源计划（enterprise resource planning，ERP）、办公自动化（office automation，OA）、人力资源管理（human resource management，HRM）等。这种策略为企业节省了大量的迁移工作。在第二个子策略中，只有部分遗留系统的功能将被云服务所取代。在第三个子策略中，遗留系统被重新配置并重新设计到云服务中。此类策略多为针对特定行业提供定制化、专业化的 SaaS。SaaS 从应用程序切入用户，使企业不用进行开发和维护，享受"即买即用"的程序服务。

应用程序迁移是将遗留系统从一个操作环境移动到另一个操作环境。云迁移策略的最优策略取决于每个组织的个性化需求和遗留系统的状况，因此组织需要在迁移之前选择适合自身的最合理的迁移策略。

3.1.4　企业应用迁移部署上云过程

企业的云迁移类似于软件开发的生命周期过程。在企业将应用程序迁移到云环境的过程中，在生命周期的每个阶段都有出现缺陷的可能。这些缺陷在生命周期的后期才被检测到，这样又需要反馈到出现问题的阶段，并重做在此阶段和之后阶段的一些工作来解决缺陷。所以企业 IT 团队和云服务提供商应该密切合作，来确保云迁移的工作进展顺利，同时保证从迁移过程的每个阶段及时获取反馈，并测试来决定是否重做迁移阶段的每项工作。

企业云迁移从可行性研究开始，依次为需求分析和计划、实施迁移、部署和测试、监控和维护。在迁移过程的后期当缺陷被检测后，进行缺陷识别、缺陷定位、解决缺陷和再检测。此过程循环检测，直到迁移过程顺利完成。

3.2　企业应用迁移部署上云的框架

3.2.1　企业应用迁移部署上云参考框架

企业应用程序迁移和部署进云被认为是云计算技术的一个很有前途的实现示例，将有力促进企业数字化转型。云计算通过提供 SaaS、PaaS 和 IaaS 等多种服务范式，满足企业应用程序对高计算能力、可扩展性和资源消耗的要求。此外，将企业应用程序迁移部署进云可以大幅降低本地数据中心的建设和维护成本，并降低企业的运营成本。借鉴中国电信天翼云的具体实施建议，给出企业应用从本地数据中心迁移和部署进云的参考框架，如图 3 - 2 所示。

企业应用程序包括传统应用程序或遗留应用程序，这些应用程序由核心应用程序和非核心应用程序组成，也包括随着云计算技术的广泛普及和实施而产生的创新应用程序。企业核心应用程序，如企业资源计划、供应链管理（supply chain management，SCM）、产品生命周期管理（product lifecycle management，PLM），通常采用私有云部署，即部署在企业自身的数据中心。而企业

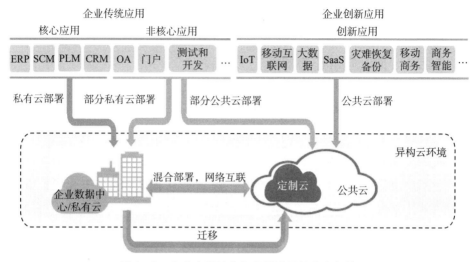

图 3 - 2　企业应用迁移和部署进云的参考架构

资料来源：Li S, Liu H, Li W, et al. An Optimization Framework for Migrating and Deploying Multiclass Enterprise Applications into the Cloud [J]. IEEE Transactions on Services Computing, 2023, 16 (2)：941 - 956.

的一些非核心应用程序，如 OA 和门户网站，可以部署在企业自身数据中心或直接部署到公共云中。同时，由于云计算带来的诸多优势，企业创新应用程序倾向于直接部署进云中。然而，由于应用程序通常由大量复杂组件组成，因此实现云数据中心资源的高效管理成为一个重要的、具有挑战性的问题。

3.2.2　企业应用迁移部署上云实施体系

企业应用迁移和部署进云的实施体系如图 3 - 3 所示。该体系由企业本地数据中心、云迁移管理器和云数据中心物理机组成。云迁移管理器由云迁移代理、云资源控制器、云负载监视器和云任务调度器组成。

（1）云迁移代理。云迁移代理接收来自企业的应用迁移请求，并将其分发给云任务调度器，以实现该应用的最优资源匹配。云迁移代理有两项任务：一项是接受企业的应用迁移请求，另一项是转发应用迁移请求。企业的应用迁移请求包括向云数据中心物理机支付迁移和部署费用的意愿、保障一定服务质量水平所需的计算资源以及需迁移部署的应用程序的负载量。云迁移代理首先

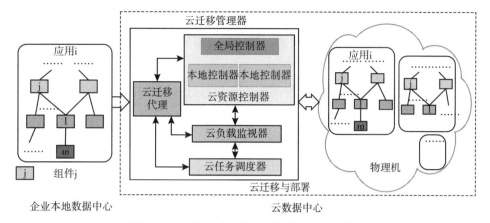

图 3 - 3　企业应用迁移和部署进云的实施体系

资料来源: Li S, Liu H, Li W, et al. An Optimization Framework for Migrating and Deploying Multiclass Enterprise Applications into the Cloud [J]. IEEE Transactions on Services Computing, 2023, 16 (2): 941 - 956.

运行云迁移算法（具体见第 4 章、第 6 章），根据这些应用程序的工作负载，实现迁移上云时最优带宽资源分配，用于完成企业应用程序迁移进云。云任务调度器在接收到云迁移代理发送的迁移请求后，将其转发给云数据中心的物理机，以预留一定的资源量来保障应用的服务质量。其次，云资源控制器通过云部署算法（具体见第 5 章、第 7～11 章）得到企业应用程序部署进云的最优云资源分配，并通过云任务调度器将结果反馈回云迁移代理。最后，云迁移代理接收最优资源分配的解决方案，并将其发送回企业用户。

（2）云资源控制器。云资源控制器从云数据中心物理机收集数据，生成每个物理机的当前负载信息，并定期发送给云负载监控器。云资源控制器由本地资源控制器和全局资源控制器组成。本地资源控制器周期性地收集每个物理机的信息和状态并进行估计，以决定该物理机是否具有用于托管迁移的应用程序的空闲资源或是否将要过载。全局资源控制器负责收集整个云数据中心物理机的信息和状态，并帮助云任务调度器为到达的应用程序迁移请求实现最优资源分配。也就是说，全局资源控制器定期从本地资源控制器收集云数据中心负载，并协助管理物理机的资源利用率。

（3）云负载监视器。云负载监控器从云资源控制器接收云物理机的负载数据，并定期向云任务调度器通知每个物理机的当前状态。它检查物理机是否过载,并重新检查各个时间段内每个物理机的状态。如果某物理机过载,它会通知云任务调度器该物理机的状态,并建议云任务调度器将迁移请求重定向到下一个可用的物理机。

(4)云任务调度器。云任务调度器负责通过云迁移代理接受应用程序迁移请求,并根据云负载监控器报告的云数据中心当前状态,将迁移任务调度到可用的云物理机。云物理机决定是否接受企业应用迁移请求。如果云物理机繁忙或没有足够的空闲资源,它将拒绝该请求,并将信息发送给云任务调度程序,后者将请求重新发送到另一台云物理机。此过程重复进行,直到某些云物理机器接受请求为止。云资源控制器使用云部署算法(具体见第 5 章、第 7 ~ 11 章)来实现应用程序部署的最优云资源分配,并将结果发送给云任务调度器,后者将通过云迁移代理将结果转发给企业用户。

第4章　企业应用迁移上云的 SaaS 层服务质量优化

本章首先对企业应用云迁移部署的跨层效用优化整体过程进行阐述，再针对企业应用云迁移部署中 SaaS 提供商与用户之间的服务质量优化进行建模，提出相应的服务质量效用优化模型，并设计相应的服务质量优化管理算法。

4.1　企业应用云迁移部署的跨层效用优化

4.1.1　企业应用云迁移部署步骤

类似于软件的开发生命周期过程，在企业将自身应用程序迁移到云端的过程中，在其生命周期的任何一个阶段都有可能出现缺陷问题。如果一个迁移部署过程在其生命周期的末期才被检测到一些缺陷，整个迁移部署任务要返回到问题出现的阶段，并需要重新完成在这个阶段和其之后阶段的工作来解决这个缺陷。迁移部署过程开始于可行性研究，依次为需求分析、迁移的实施、部署与测试、维护监控几个步骤。当在一个迁移部署过程的后期检测到缺陷后，完整的解决方案应该为缺陷的识别、定位、解决和再检测。每一个任务需循环检测，直至迁移部署过程成功完成。

第一个阶段为企业应用云迁移部署的可行性研究，企业在决定迁移之前需明确技术和成本方面的困难。在详细分析之后，企业需考虑进行云迁移和部署是否符合其对利益最大化的追求。企业的 IT 团队需要清楚自身的应用程序如何工作，企业对于云计算技术的需求是什么，提供商的收费运作模式是怎样的。

第二个阶段为企业进行自身现有 IT 环境的详尽评估，综合考量企业应用迁移到云端的要求。在企业计划迁移部署应用程序时，一些隐性成本会影响企业的总成本。企业用户必须在迁移之前了解到云服务提供商的收费模式和对应的迁移成本，以求最大限度地降低企业的成本。评估中一般会用到成本效益分析，例如投资回报率（Return On Investment，ROI）和总拥有成本（Total Cost of Ownership，TCO）。

在第三个阶段，企业应用程序迁移部署进云后的测试。简单的应用程序只需在性能和功能方面进行迁移部署测试，而更为复杂的企业应用程序会有更为严格的测试过程。传统的企业业务系统迁移部署到云端往往还会有企业业务架构升级的过程。

4.1.2　跨层聚合效用优化描述

整个云计算系统模型由三个层次组成，即 SaaS 用户、SaaS 提供商、IaaS 提供商。最底层是物理机运行的云计算资源层次，顶层是 SaaS 用户层，SaaS 提供商在该层为用户的请求提供接口。中间层是 SaaS 提供商获得云资源的配置为用户提供相应的服务。在资源分配层，IaaS 提供商负责使用虚拟化技术管理节点中的物理资源，并在该节点上利用虚拟机调度分配物理机中的云资源。整个过程优化的主要实体是迁移部署到云端的企业应用，目标是减少企业运营过程中的成本，提高企业的生产效益。图 4-1 说明了企业应用云迁移部署过程中不同层次之间的联系。

市场经济机制适合解决云背景下的资源配置问题：经济学中的市场机制基于分布式自主形式来实现，市场中的价格变化反映了资源的供需关系。图 4-1 中所有参与者都通过云市场进行交互。在云市场中，根据 IaaS 云资源提供商的资源销售和 SaaS 提供商的资源购买或租赁行为来实现资源分配。IaaS 提供商销售云资源中心的底层资源。SaaS 提供商在预算内做出购买或者租赁决策，以获取运行应用程序的物理机云资源。对于虚拟机分配，IaaS 提供商为 SaaS 提供商提供计算资源，例如 CPU、内存、存储等。每个 SaaS 提供商根据自身

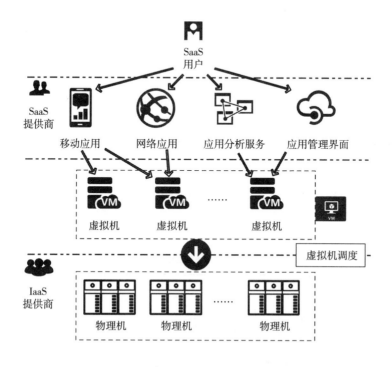

图 4 - 1　企业应用云迁移部署过程中的跨层资源分配模型

资料来源：苑凯博. 企业应用云部署跨层效用优化与资源分配研究［D］. 秦皇岛：燕山大学，2020.

状况决定分配的时间和数量。SaaS 提供商将虚拟机云资源分配请求发送给 IaaS 提供商，然后 IaaS 提供商执行虚拟机的云资源分配。IaaS 提供商本身具有不同的云资源容量，通过分配虚拟机资源在 SaaS 提供商之间提供云资源容量之内的需求。IaaS 提供商向 SaaS 提供商收取虚拟机配置的云资源费用。IaaS 提供商之间相互竞争，SaaS 提供商进行最优价格的比较，尝试购买或者租用云资源，以使其利益最大化。

　　SaaS 提供商旨在最大限度地减少支付给 IaaS 提供商的费用，并希望自己的利润最大化，但支付价格过低可能会导致得不到所需的云资源。如果请求被拒绝，SaaS 提供商将在下次请求协商时提高报价，并发送给 IaaS 云资源提供商以求获得云资源。如果请求被接受，SaaS 提供商则会降低其在后续协商中为该云资源支付的价格，最终会达到一种价格与资源分配的平衡状态。

利用经济学机制可以解释 SaaS 用户、SaaS 提供商和 IaaS 提供商之间的交互作用：企业应用云迁移部署过程中，整个云计算系统中资源关系为 SaaS 提供商从 IaaS 提供商处购买或租用资源，然后将软件服务租赁给 SaaS 用户。在服务层次 SaaS 用户与 SaaS 提供商之间的服务优化以及在资源层次 SaaS 提供商与 IaaS 提供商之间的云资源优化，最终都是通过价格的调节到达优化平衡。

4.1.3　跨层效用优化建模与分解

在进行模型介绍之前，将本章中用到的一些基本符号汇总在表 4 – 1 中进行说明。

表 4 –1　　　　　　　　　　　　　　符号与说明

符号	含义与说明
x_i	SaaS 提供商为用户 i 提供的服务量
y_s	IaaS 提供商为 SaaS 提供商 s 提供的资源
y_s^{cpu}	IaaS 提供商为 SaaS 提供商 s 提供 CPU 资源
y_s^{ram}	IaaS 提供商为 SaaS 提供商 s 提供内存资源
y_s^{sto}	IaaS 提供商为 SaaS 提供商 s 提供存储资源
T_s	软件服务提供商 s 的总服务能力
C_p	云资源提供商 p 的最大资源量
C_p^{cpu}	云提供商 p 的 CPU 的最大能力
C_p^{ram}	云提供商 p 内存的最大能力
C_p^{sto}	云提供商 p 存储的最大能力
λ_s	SaaS 提供商 s 为提供每单位服务而收取的价格
γ_i	SaaS 用户 i 支付每单位服务的费用
φ_p	IaaS 提供商 p 为提供每单位资源而收取的价格
μ_s	SaaS 提供商 s 支付每单位资源的费用
I	SaaS 用户 i 的集合
S	SaaS 提供商 s 的集合
P	IaaS 提供商 p 的集合

　　在云资源的分配过程中，将虚拟机分配给 SaaS 提供商，通常满足 SaaS 用户的服务质量需求，例如响应时间和成本。云数据中心由一组可以托管多个虚拟机的物理机器组成，SaaS 提供商通过网络访问由云环境托管的站点。云系统中的每个资源提供商可以具有不同的计算资源，例如 CPU、内存、存储。其中，s 表示 SaaS 提供商，p 表示 IaaS 云资源提供商。

　　假设 y 表示 IaaS 提供商 p 为 SaaS 提供商 s 提供所需的 CPU、内存和存储的资源量。y 具体表示为 $y_s = \{y_s^{cpu}, y_s^{ram}, y_s^{sto}\}$，$P = \{p_1, p_2, \cdots, p_j\}$ 表示为一组 IaaS 提供商。每一个 IaaS 提供商都为 SaaS 提供商提供资源池。IaaS 提供商提供以 MHz 为单位的 CPU 能力、兆字节量级的内存容量和存储。C_p^{cpu}、C_p^{ram}、C_p^{sto} 分别表示 IaaS 提供商 CPU、内存和存储的最大能力。SaaS 提供商为 SaaS 用户提供服务。在执行作业之前，必须从云资源提供商处获得云计算资源。SaaS 提供商不仅充当云资源提供商的消费者，还充当向 SaaS 用户提供软件服务的提供商。

　　结合 SaaS 用户、SaaS 提供商和 IaaS 提供商的视角，利用效用函数 U_{cloud} 建立企业应用云迁移部署时云系统的资源配置优化模型如下：

$$\max U_{cloud} = U_{user} + V_{server}$$

$$\text{subject to } \sum_{i \in I(s)} x_i \leqslant T_s$$

$$\sum_{s \in S(p)} y_s^{cpu} \leqslant C_p^{cpu}$$

$$\sum_{s \in S(p)} y_s^{ram} \leqslant C_p^{ram} \qquad (4-1)$$

$$\sum_{s \in S(p)} y_s^{sto} \leqslant C_p^{sto}$$

$$\text{over } x_i \geqslant 0, \ y_s^{cpu} \geqslant 0, \ y_s^{ram} \geqslant 0, \ y_s^{sto} \geqslant 0, \ i \in I, \ s \in S$$

　　在模型（4-1）中，云资源提供商分配的 CPU、内存和存储不能超过 C_p^{cpu}、C_p^{ram}、C_p^{sto} 的上限。SaaS 提供商 s 向 SaaS 用户 i 提供的软件服务 x_i 不能超过其总的服务能力 T_s。

　　拉格朗日方法用于解决约束优化问题。整个云系统资源服务配置优化问题的拉格朗日函数如下：

$$L_{cloud} = U_{user} + V_{server} + \sum_{i \in I} \lambda_s \left(T_s - \sum_{i \in I(s)} x_i \right) + \sum_{p \in P} \varphi_p^{cpu} \left(C_p^{cpu} - \sum_{s \in S(p)} y_s^{cpu} \right)$$

$$+ \sum_{p \in P} \varphi_p^{ram} \left(C_p^{ram} - \sum_{s \in S(p)} y_s^{ram} \right) + \sum_{p \in P} \varphi_p^{sto} \left(C_p^{sto} - \sum_{s \in S(p)} y_s^{sto} \right) \qquad (4-2)$$

其中，U_{user} 是 IaaS 层资源分配效用函数；V_{server} 是 SaaS 层服务的效用函数；x_i 表示 SaaS 提供商为用户 i 提供的服务量；y_s^{cpu} 表示 IaaS 提供商提供的 CPU 计算资源，y_s^{ram} 表示 IaaS 提供商提供的内存资源，y_s^{sto} 表示 IaaS 提供商提供的存储资源；C_p^{cpu} 表示 IaaS 提供商提供的最大 CPU 计算资源，C_p^{ram} 表示 IaaS 提供商提供的最大内存资源，C_p^{sto} 表示 IaaS 提供商提供的最大存储资源；T_s 表示服务提供商总的服务能力。

4.2 SaaS 层服务质量优化模型

4.2.1 服务质量优化模型描述

SaaS 提供商从底层基础设施提供商处获得资源，然后提供给 SaaS 用户相应的所需软件服务。SaaS 提供商的目标旨在最大限度地减少对底层云资源提供商的支付，并且希望在保证 SaaS 用户服务质量的前提下最大化自己的利润。SaaS 用户优化问题在 SaaS 提供商的应用层进行，SaaS 用户在时间约束下为 SaaS 服务商提供最优支付，并最大限度地提高 SaaS 用户的满意度。SaaS 用户获得服务的效用优化可以用如下模型表示：

$$\max \sum_{i \in I} V_i(x_i)$$
$$\text{subject to} \sum_{i \in I(s)} x_i \leqslant T_s$$
$$\text{over} \quad x_i \geqslant 0, \ i \in I \qquad (4-3)$$

其中，用户 i 的集合为 I，服务提供商 s 的集合为 S，T_s 表示服务提供商总的服务能力。

4.2.2 服务质量优化模型分析

定义拉格朗日函数为：

$$L(x, \lambda) = \sum_{i \in I} V_i(x_i) - \sum_{s \in S} \lambda_s (\sum_{i \in I(s)} x_i - T_s) \qquad (4-4)$$

其中，λ_s 是拉格朗日因子，λ_s 可以理解为 SaaS 提供商为提供每单位服务而收取的价格。求解拉格朗日函数（4-4）就可以得到模型（4-3）的最优解。

拉格朗日函数（4-4）可以改写成：

$$L(x, \lambda) = \sum_{i \in I} (V_i(x_i) - x_i \sum_{s \in S} \lambda_s) + \sum_{s \in S} \lambda_s T_s \qquad (4-5)$$

上式拉格朗日函数中的第一部分是关于 x_i 分离的，因此 SaaS 层服务质量优化模型（4-3）的对偶问题的目标函数为：

$$D(\lambda) = \max_x L(x, \lambda) = \sum_{i \in I} A(\lambda) + \sum_{s \in S} \lambda_s T_s \qquad (4-6)$$

其中，

$$A(\lambda) = \max_x \sum_{i \in I} (V_i(x_i) - x_i \sum_{s \in S} \lambda_s) \qquad (4-7)$$

SaaS 层服务质量优化模型的对偶问题为：

$$\min D(\lambda)$$
$$\text{over} \lambda \geq 0 \qquad (4-8)$$

其中，λ_s 为 SaaS 提供商为提供每单位服务而收取的价格，x_i 表示 SaaS 提供商为用户 i 提供的服务量，$x_i \sum_{s \in S} \lambda_s$ 表示用户 i 在服务量 x_i 时获得的服务费用。λ 代表所有用户获得的服务价格，$A(\lambda)$ 表示所有用户在价格 λ 时的最大收益。每一个用户 i 都可以根据 λ 得到式（4-7）的最大值。因为 U_i 是严格凹的，对于每一个 λ 均存在一个唯一最大值。

一般来讲，根据对偶理论可以得到，存在一个对偶最优价格 $\lambda^* > 0$，使 x^* 是原问题的最优解。因此，可以通过解决对偶问题（4-8）来获得 x_i 的最优解。

假设 SaaS 层服务质量优化模型（4-3）与其对偶问题（4-8）的最优解是 (x^*, λ^*)，根据 Karush-Kuhn-Tucker（KKT）条件，下列式子成立：

$$\sum_{i \in I(s)} x_i^* \leq T_s, \ s \in S \qquad (4-9)$$

$$x_i^* \geq 0, \ \forall i \in I \qquad (4-10)$$

$$\lambda_s^* \geq 0, \ \forall s \in S \qquad (4-11)$$

$$\lambda_s^* (T_s - \sum_{i \in I} x_i^*) = 0, \ \forall s \in S \qquad (4-12)$$

$$\sum_{i \in I} \left(U_i(x_i^*) - x_i^* \sum_{s \in S} \lambda_s^* \right) \Rightarrow \begin{cases} = 0, & if \ x_i^* > 0 \\ \leqslant 0, & if \ x_i^* = 0 \end{cases}, \ \forall i \in I \qquad (4-13)$$

式（4-9）和式（4-10）说明了效用优化过程中原变量的可行性，式（4-11）说明了对偶问题中对偶变量的可行性，式（4-12）说明了模型最优解应该满足的互补松弛条件，式（4-13）是问题存在最优解的必要条件。

4.3　SaaS 层服务质量优化管理算法

4.3.1　算法描述

用梯度投影法解决对偶问题（4-8），每个软件服务 SaaS 提供商 s 用以下原算法更新其应用服务量 $x_i(t)$。

$$x_i(t+1) = (x_i(t) + \kappa x_i(t)(\gamma_i(t) - \lambda_s(t)))^+, \ i \in I(s) \qquad (4-14)$$

$$\gamma_i(t) = \frac{\mathrm{d}V_i(x_i(t))}{\mathrm{d}x_i(t)} \qquad (4-15)$$

利用式（4-15）可以得到 SaaS 用户 i 应该支付给 SaaS 提供商 s 的价格 $\gamma_i(t)$。

每个 SaaS 软件服务提供商 s 使用基于梯度投影法的如下算法来更新其资源价格 $\lambda_s(t+1)$：

$$\lambda_s(t+1) = \left(\lambda_s(t) + \delta \frac{\sum_{i \in I} x_i(t) - T_s}{T_s} \right)^+, \ s \in S \qquad (4-16)$$

其中，$\kappa > 0$，$\delta > 0$ 是步长，当 $a > 0$ 时 $(a)^+ = a$，其余情形时 $(a)^+ = 0$。

4.3.2　算法实施流程

SaaS 提供商和 SaaS 用户之间的服务质量优化算法可以通过迭代过程具体实施。图 4-2 为 SaaS 层服务质量优化算法的流程。

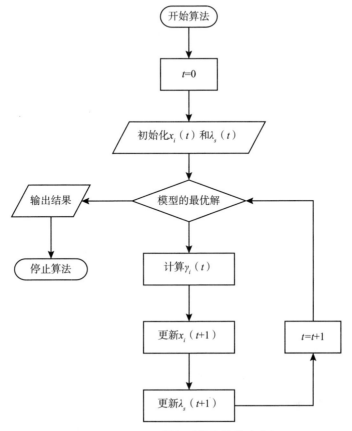

图 4 - 2　SaaS 层服务质量优化算法流程

资料来源：苑凯博. 企业应用云部署跨层效用优化与资源分配研究 [D]. 秦皇岛：燕山大学，2020.

SaaS 提供商和 SaaS 用户之间的服务质量优化算法具体实施步骤如下：

步骤 1：初始化时间 $t = 0$。

步骤 2：初始化变量和参数。选取合适的步长 $\kappa > 0$，$\delta > 0$，初始化 SaaS 提供商为每一个 SaaS 用户分配的服务量 $x_i(t)$，SaaS 提供商收取的价格 $\lambda_s(t)$。

步骤 3：根据式（4 - 15）可以得到 SaaS 用户应该支付给 SaaS 提供商的价格 $\gamma_i(t)$，利用式（4 - 16）得到 SaaS 提供商应该收取 SaaS 用户的价格 $\lambda_s(t)$，如果 $\gamma_i(t) \neq \lambda_s(t)$，则不符合收敛条件。

步骤 4：令时刻 $t = t + 1$。

步骤 5：根据式（4 - 14）来更新 SaaS 提供商为每一个用户分配的服务

量 $x_i(t+1)$，根据式（4-15）得到 SaaS 用户应该支付给 SaaS 提供商的价格 $\gamma_i(t+1)$，利用式（4-16）得到 SaaS 提供商应该收取 SaaS 用户的价格 $\lambda_s(t+1)$。

步骤 6：判断当 $\gamma_i(t) \neq \lambda_s(t)$ 时，一直迭代循环步骤 4 和步骤 5，并不断更新 $x_i(t+1)$、$\gamma_i(t+1)$、$\lambda_s(t+1)$。

步骤 7：直到 $\gamma_i(t) = \lambda_s(t)$ 满足资源分配模型的收敛条件，停止循环。

步骤 8：分别计算得到最优的资源分配值 $x_i(t)$ 和优化价格 $\gamma_i(t)$、$\lambda_s(t)$。

当上述迭代过程达到平衡时，可以停止迭代循环，并且得到最优值。

4.4　SaaS 层服务质量优化管理性能评估

4.4.1　企业应用云迁移场景描述

在云数据中心的云部署过程中需要为应用程序分配资源。企业应用云部署跨层效用优化与资源分配具体应用场景如图 4-3 所示。

企业应用迁移部署至云端时，为实现 SaaS 提供商效用最大化，IaaS 提供商的成本最小化，要通过模型求解出应用程序所占用云资源的大小。全局控制器负责云数据中心的底层资源层次，它管理虚拟机的部署与相应的云资源调度。

SaaS 提供商在 IaaS 提供商的云资源数据中心进行应用程序所需资源的部署，在该过程中需要为应用程序分配资源。企业应用云部署方案既满足了 SaaS 提供商利润最大化目标，又满足了云资源中心成本最小化目标，也为企业实现了应用在云端的部署。云资源分配模型使 IaaS 提供商减少了云资源配置不均衡的现象，每一个应用获得的云端物理资源的大小取决于 SaaS 提供商为每个应用程序部署愿意支付的费用。当云资源中心接收规模较大的企业应用时，模型能够为 SaaS 提供商应用分配最优的资源值。企业应用服务的云端部署今后会随着数字化的发展而成为一个常态，这需要一个能够解决企业应用部署到云端的云资源分配的优化模型。本章提出的模型可以解决一些企业应用部署过程中的云资源分配任务问题。

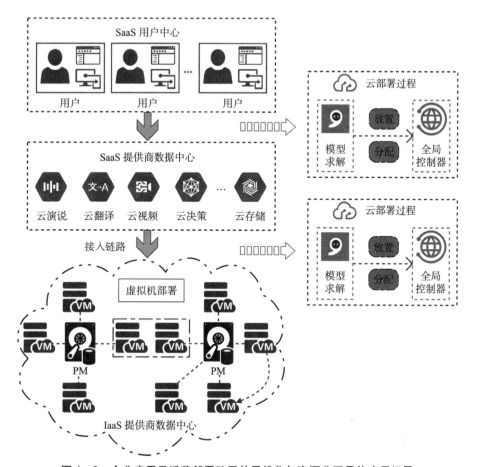

图 4–3 企业应用云迁移部署跨层效用优化与资源分配具体应用场景

资料来源：苑凯博. 企业应用云部署跨层效用优化与资源分配研究［D］. 秦皇岛：燕山大学，2020.

4.4.2 SaaS 层服务质量优化仿真与分析

我们根据企业应用云迁移部署的实际应用场景来简化仿真数据。假设 2 个 SaaS 提供商向 4 个 SaaS 用户提供服务。上层的效用函数考虑对数型效用函数 $V_i(x_i) = w_i \log x_i$ 实现的是用户间的比例公平性。SaaS 提供商 1 和提供商 2 对 SaaS 用户 1 和用户 2 分别提供对数效用 $V_1(x_1) = v_1 \log x_1$ 和 $V_2(x_2) = v_2 \log x_2$ 的弹性服务。SaaS 提供商 3 和提供商 4 对 SaaS 用户 3 和用户 4 分别提供对数效用 $V_3(x_3) = v_3 \log x_3$ 和 $V_4(x_4) = v_4 \log x_4$ 的弹性服务。用户愿意支付的最大费用 $v = (v_1, v_2, v_3, v_4) = (20, 15, 10, 5)$，迭代步长 $\kappa = 0.3$，$\delta = 0.8$。SaaS 提

供商提供服务的初始值 $x=(x_1, x_2, x_3, x_4)=(5, 5, 5, 5)$。将服务能力归一化为 SaaS 提供商 1 的单位软件服务为 100，提供商 2 的单位软件服务为 80。

算法（4-14）至算法（4-16）的仿真结果如图 4-4 所示。其中（a）图是 SaaS 提供商 1 和提供商 2 提供给 SaaS 用户 1 和用户 2 单位软件服务；（b）图是 SaaS 提供商 3 和提供商 4 提供给 SaaS 用户 3 和用户 4 单位软件服务；（c）图是 SaaS 用户 1 和用户 2 在得到提供商服务后的效用以及云部署之后用户 1 和用户 2 得到的总效用；（d）图是 SaaS 用户 3 和用户 4 在得到提供商的服务后的效用以及云部署之后用户 3 和用户 4 得到的总效用。

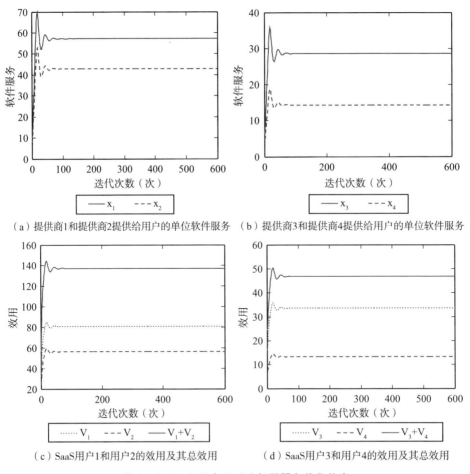

（a）提供商1和提供商2提供给用户的单位软件服务　（b）提供商3和提供商4提供给用户的单位软件服务

（c）SaaS用户1和用户2的效用及其总效用　（d）SaaS用户3和用户4的效用及其总效用

图 4-4　SaaS 层中云迁移部署服务优化仿真

资料来源：苑凯博. 企业应用云部署跨层效用优化与资源分配研究［D］. 秦皇岛：燕山大学，2020.

　　从图 4 - 4 中可以看出，（a）、（b）两图表示组成企业应用的服务分配在有限的迭代次数内收敛在一个均衡值上，其中各个单位软件服务分别为 $x_1 = 57.1$、$x_2 = 42.9$、$x_3 = 53.3$、$x_4 = 26.6$。由图 4 - 4 还可以看出，迭代后趋于稳定的 x 值即为用户分配的最优服务资源量，云数据中心可以根据计算出的结果为应用程序分配相关的服务。（c）图代表部署至云端的 SaaS 用户 1 和用户 2 在得到服务后的效用及用户 1 和用户 2 的总效用，效用用来衡量对应企业用户的满意度。（d）图代表部署至云端的 SaaS 用户 3 和用户 4 在得到服务后的效用及用户 3 和用户 4 的总效用。可以看出，（c）图和（d）图的效用分别在有限的迭代内收敛到稳定值 $V_1 = 80.9$、$V_2 = 56.4$、$V_3 = 39.8$、$V_4 = 16.4$。稳定的效用值表示 SaaS 用户与 SaaS 提供商在双方都满意的价格下进行服务优化，SaaS 提供商能够保证自身的收益，而 SaaS 企业用户也能接受在一定价格下部署应用于云端。

第5章　企业应用部署进云的 IaaS 层资源管理

5.1　IaaS 层资源管理模型

5.1.1　资源管理模型描述

本章考虑企业应用云迁移部署中的 IaaS 层资源管理，针对此场景建立资源分配的效用最大化模型。将 IaaS 提供商和 SaaS 提供商分别视为资源提供者和资源需求者两类，每一个资源需求者向一个或多个资源提供者发出所需的资源请求，在云端的每一个云资源提供者向一个或者多个资源需求者提供相应的资源。整个云资源分配过程中，IaaS 提供商为资源提供者一方，SaaS 提供商为资源需求者一方，引入资源需求者集合 S 和资源提供者集合 P。

SaaS 提供商与 IaaS 提供商之间的计算资源管理问题是涉及二者效用优化的资源分配问题。SaaS 提供商的需求是基础设施，SaaS 提供商的软件服务依靠服务器等基础设施的支撑，软件服务有弹性需求和非弹性需求。弹性需求一般指对宽带限制和传输时延不敏感的非实时服务，例如电子邮件服务；而非弹性需求是指对宽带限制和传输时延较为敏感的实时的网络服务需求，一般包括网络游戏服务、流媒体音视频等。

在网络服务需求中，一般弹性服务的效用函数形式为（Li et al., 2015, 2016）：

$$U_s(y_s) = c_s(\log(a_s y_s + b_s) + d_s) \tag{5-1}$$

非弹性服务的效用函数形式为：

$$U_s(y_s) = c_s\left(\frac{1}{1 + e^{-a_s(y_s - b_s)}} + d_s\right) \tag{5-2}$$

其中，c_s 为需求者的支付意愿，a_s、b_s、d_s 为效用函数参数，y_s 为提供者提供资源量。一般弹性服务的效用函数和非弹性服务的效用函数如图 5 – 1 所示。

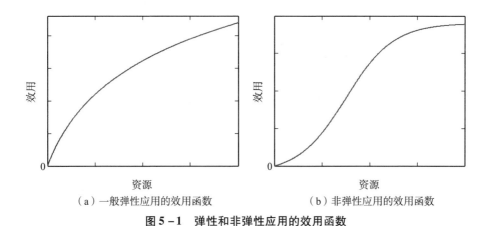

（a）一般弹性应用的效用函数　　　　　　　（b）非弹性应用的效用函数

图 5 – 1　弹性和非弹性应用的效用函数

资料来源：Li S, Sun W, Tian N. Resource Allocation for Multi-class Services in Multipath Networks. Performance Evaluation, 2015, 92：1 – 23.

在 SaaS 提供商和 IaaS 提供商之间的资源分配问题中，SaaS 提供商从 IaaS 提供商处租用服务器等基础设施运行自身的软件程序。在资源的优化分配过程中，能够根据弹性和非弹性服务资源需求给出最优的分配方案是 SaaS 提供商和 IaaS 提供商共同期望的结果。SaaS 提供商需要从 IaaS 提供商处接收资源并在云中部署其应用程序。IaaS 提供商向 SaaS 提供商的应用程序进行最优资源分配，来保证 SaaS 提供商收益最大化。

SaaS 提供商 s 的集合为 S，IaaS 基础设施云资源提供商 p 的集合为 P。SaaS 提供商获得云基础设施资源的效用优化模型可以表示为：

$$\max \sum_{s \in S} U_s(y_s^{cpu}) + \sum_{s \in S} U_s(y_s^{ram}) + \sum_{s \in S} U_s(y_s^{sto})$$

$$\text{subject to} \sum_{s \in S(p)} y_s^{cpu} \leqslant C_p^{cpu}$$

$$\sum_{s \in S(p)} y_s^{ram} \leqslant C_p^{ram}$$

$$\sum_{s \in S(p)} y_s^{sto} \leqslant C_p^{sto}$$

$$\text{over } y_s^{cpu} \geqslant 0, \ y_s^{ram} \geqslant 0, \ y_s^{sto} \geqslant 0, \ s \in S, \ p \in P$$

其中，y_s^{cpu} 表示 IaaS 提供商提供的 CPU 计算资源，y_s^{ram} 表示 IaaS 提供商提供的内存资源，y_s^{sto} 表示 IaaS 提供商提供的存储资源；C_p^{cpu} 表示 IaaS 提供商提供的最大 CPU 计算资源，C_p^{ram} 表示 IaaS 提供商提供的最大内存资源，C_p^{sto} 表示 IaaS 提供商提供的最大存储资源。

5.1.2　资源管理模型分析

为了找到使 SaaS 提供商效用最大化的资源分配，可以变形为如下的基本效用最大化模型：

$$\max \sum_{s \in S} U_s(y_s)$$
$$\text{subject to} \sum_{s \in S(p)} y_s \leq C_p , \ p \in P$$
$$\text{over } y_s \geq 0 , \ s \in S, \ p \in P \qquad (5-3)$$

其中，C_p 表示 IaaS 云资源提供商 p 的最大资源量。

考虑到弹性应用的效用函数是凹的，而非弹性应用的效用函数是非凹的，因此云资源分配问题（5-3）是一个较难解决的非凸优化问题。

企业应用云部署效用优化的 IaaS 层资源分配模型，可以通过迭代算法将该全局优化问题分解为子问题。该资源管理模型的目标是聚合效用函数最大化，分别受 IaaS 资源提供商资源的约束、SaaS 提供商服务能力的约束以及云用户满意度的约束。

同时考虑弹性和非弹性应用程序时，SaaS 提供商和 IaaS 提供商之间的云资源分配模型是一个较难解决的非凸优化问题。为了获得 IaaS 层最优资源分配，可以通过最大化等价对数函数来近似原优化问题。将较难解决的非凸优化问题模型转化为近似的等价凸优化问题，并为近似凸优化模型提出原-对偶形式的资源分配算法。

为此，给出如下近似优化模型 AP1：

$$\max \log\left(\sum_{s \in S} U_s(y_s) \right)$$
$$\text{AP1：subject to} \sum_{s \in S(p)} y_s \leq C_p , \ p \in P \qquad (5-4)$$
$$\text{over } y_s \geq 0 , \ s \in S, \ p \in P$$

但是近似优化模型（5-4）仍然是一个非凸优化问题，基于近似凸优化理论（Bertsekas，2003），将上述近似等价优化问题转化为几何规划问题形式的近似优化问题 AP2：

$$\text{AP2：}\quad\begin{aligned}&\max\ r\\[1mm]&\text{subject to }r\leqslant\log(\sum_{s\in S}U_s(y_s))\\[1mm]&\quad\sum_{s\in S(p)}y_s\leqslant C_p\ ,\ p\in P\\[1mm]&\text{over }y_s\geqslant0\ ,\ s\in S,\ p\in P\end{aligned}\qquad(5-5)$$

上述问题中的第一个约束条件是非凸的，所以资源分配近似优化模型（5-5）仍然是一个非凸优化问题。为了得到一个近似凸优化问题，可以用一个凸约束代替上式中的非凸约束。根据詹森不等式，给出引理 5.1。

引理 5.1　对于任何变量 $\theta=[\theta_1,\ \theta_2,\ \cdots,\ \theta_S]$，其中 $\theta_s>0$，并且 $\sum_s\theta_s=1$ 时，下式成立，

$$\log(\sum_{s\in S}U_s(y_s))\geqslant\sum_{s\in S}\theta_s\log\Big(\frac{U_s(y_s)}{\theta_s}\Big)\qquad(5-6)$$

当且仅当

$$\theta_s=\frac{U_s(y_s)}{\sum_{s\in S}U_s(y_s)}\ \text{时,}\qquad(5-7)$$

式（5-6）中的等式成立。

根据引理 5.1 可以进一步得到近似优化问题 AP3：

$$\text{AP3：}\quad\begin{aligned}&\max\ r\\[1mm]&\text{subject to }r\leqslant\sum_{s\in S}\theta_s\log\Big(\frac{U_s(y_s)}{\theta_s}\Big)\\[1mm]&\quad\sum_{s\in S(p)}y_s\leqslant C_p\ ,\ p\in P\\[1mm]&\text{over }y_s\geqslant0\ ,\ s\in S,\ p\in P\end{aligned}\qquad(5-8)$$

基于等价凸优化问题的方法（Li et al.，2016），可以将几何规划问题形式变换成一般形式的近似凸优化问题 AP4：

$$\text{AP4：subject to}\quad\begin{aligned}&\max\sum_{s\in S}\widetilde{V}_s(y_s,\ \theta_s)\\[1mm]&\sum_{s\in S(p)}y_s\leqslant C_p\ ,\ p\in P\end{aligned}\qquad(5-9)$$

$$\text{over } y_s \geqslant 0, \quad s \in S, \quad p \in P$$

其中，$\tilde{V}_s(y_s, \theta_s) = \theta_s \log\left(\dfrac{U_s(y_s)}{\theta_s}\right)$。

当取不同的 θ 时，近似凸优化问题（5-9）包含了一系列优化问题。给 θ 赋予不同的值会得到不同的具体优化问题，问题（5-9）的最优解是资源分配问题（5-3）的次优解。每通过式（5-6）赋予一个新的 θ_i 值，就会产生一个次优解，近似优化问题（5-9）也可以得到一个解。经过一系列问题（5-9）优化解的近似逼近，最终可以收敛到原问题的最优解。

引理 5.2 效用函数 $\tilde{V}_s(y_s, \theta_s)$ 是连续可导的，并且采用弹性应用的效用函数（5-1）和非弹性应用的效用函数（5-2）时，$\tilde{V}_s(y_s, \theta_s)$ 对 y_s 都是严格凹的。

证明： $\tilde{V}_s(y_s, \theta_s)$ 对 y_s 二次求导得到：

$$\frac{d^2\,\tilde{V}_s(y_s, \theta_s)}{dy_s^2} = \frac{\theta_s}{U_s^2(y_s)}\left(U_s(y_s)\frac{d^2 U_s(y_s)}{dy_s^2} - \left(\frac{dU_s(y_s)}{dy_s}\right)^2\right) \qquad (5-10)$$

当二次求导为负时，效用函数 $\tilde{V}_s(y_s, \theta_s)$ 就是严格凹的，也就是 $U_s(y_s)\dfrac{d^2 U_s(y_s)}{dy_s^2} - \left(\dfrac{dU_s(y_s)}{dy_s}\right)^2 < 0$ 成立。

情况 1： 弹性效用函数

对于在效用函数（5-1）时的弹性应用，得到：

$$U_s(y_s)\frac{d^2 U_s(y_s)}{dy_s^2} - \left(\frac{dU_s(y_s)}{dy_s}\right)^2 = -\frac{c_s^2}{(y_s+1)^2}\log(y_s+1) - \frac{c_s^2}{(y_s+1)^2} < 0$$

情况 2： 非弹性效用函数

对于在效用函数（5-2）时的非弹性应用，得到：

$$U_s(y_s)\frac{d^2 U_s(y_s)}{dy_s^2} - \left(\frac{dU_s(y_s)}{dy_s}\right)^2 < 0$$

因此结论得证。

近似优化问题（5-9）的目标函数对于云资源提供商分配的资源 y_s 是严格凹的，因此可以使用对偶分解方法处理该近似优化问题。

通过凸优化理论（Bertsekas，2003），可以得到近似优化问题（5-9）的拉格朗日函数为：

$$L(y, \varphi) = \sum_{s \in S} \widetilde{V}_s(y_s, \theta_s) + \sum_{p \in P} \varphi_p \left(C_p - \sum_{s \in S(p)} y_s \right) \qquad (5-11)$$

其中，φ_p 是拉格朗日因子，φ_p 可以理解为 IaaS 提供商 p 为提供每单位资源而向 SaaS 提供商收取的价格。求解拉格朗日函数（5-11）就可以得到优化问题（5-9）的最优解。

可以将拉格朗日函数（5-11）改写成如下形式：

$$L(y, \varphi) = \sum_{s \in S} \left(\widetilde{V}_s(y_s, \theta_s) - \sum_{p \in P(s)} \varphi_p y_s \right) + \sum_{p \in P} \varphi_p C_p \qquad (5-12)$$

上式拉格朗日函数中的第一部分是关于 y_s 分离的，因此 IaaS 层资源分配模型（5-3）的对偶问题的目标函数为：

$$D(\varphi) = \max_y L(y, \varphi) = \sum_{s \in S} A_s(\phi_s) + \sum_{p \in P} \varphi_p C_p \qquad (5-13)$$

其中，

$$A_s(\phi_s) = \max_{y_s} \widetilde{V}_s(y_s, \theta_s) - \phi_s y_s, \quad \phi_s = \sum_{p \in P(s)} \varphi_p \qquad (5-14)$$

所以对偶问题为：

$$\min D(\varphi)$$
$$\text{over } \varphi_p \geq 0, \ p \in P \qquad (5-15)$$

此对偶问题（5-15）可以理解为 IaaS 层资源定价问题，其目标为在满足 SaaS 提供商服务请求并在用户获得满意度的前提下，最小化整个 IaaS 层资源分配中云资源的价格。

在问题（5-14）中，我们希望每个应用程序最大化其自己的应用程序效用 $U_s(y_s)$，但是这取决于 IaaS 提供商提供的资源总量 y_s。SaaS 提供商需要购买 IaaS 提供商的基础设施资源来部署应用程序 s。因此，φ_p 是 IaaS 提供商 p 收取的每单位资源的价格，而问题（5-14）则是使 SaaS 提供商应用程序云部署后的收益最大化。

假设 IaaS 层资源管理模型（5-3）与其对偶问题（5-15）的最优解是 (y^*, φ^*)，根据 KKT 条件，下列条件成立：

$$\sum_{s \in S(p)} y_s^* \leq C_P, \ p \in P \qquad (5-16)$$

$$y_s^* \geq 0, \ \forall s \in S \qquad (5-17)$$

$$\varphi_p^* \geq 0, \ \forall p \in P \qquad (5-18)$$

$$\varphi_p^* \left(C_p - \sum_{s \in S(p)} y_S^* \right) = 0 , \quad \forall\, p \in P \qquad (5-19)$$

$$\tilde{V}_s'(y_s^* , \theta_s) - \sum_{p \in P(s)} \varphi_p^* \Rightarrow \begin{cases} =0, & if\ y_s^* >0 \\ \leqslant 0, & if\ y_s^* =0 \end{cases} , \quad \forall\, s \in S \qquad (5-20)$$

其中,式(5-16)和式(5-17)说明了资源分配过程中原变量的可行性,式(5-18)说明了对偶问题中对偶变量的可行性,式(5-19)表明模型最优解应该满足的互补松弛条件,式(5-20)是云资源管理原问题(5-3)存在最优解的必要条件。

对于 IaaS 层资源管理问题(5-3)的最优解 (y^*, φ^*),通过分析用户支付的价格和云资源提供商 p 收取的价格,可以得到定理 5.1。

定理 5.1　考虑 IaaS 层资源分配问题(5-3),当各个 SaaS 提供商 s 为式(5-1)和式(5-2)形式效用函数时,假设 p_1 和 p_2 为 SaaS 提供商 s 的两个云资源提供商,如果在资源分配模型(5-3)的最优点处,两个云资源提供商的资源分配均为非零,那么两个云资源提供商的价格相同,即当 p_1, $p_2 \in P(s)$,则 $\varphi_{p_1}^* = \varphi_{p_2}^* = \mu_s^*$。

证明:当 IaaS 提供商具有式(5-1)和式(5-2)形式的效用函数时,在 IaaS 层资源分配问题(5-3)的最优资源分配处,根据 KKT 条件(Bertsekas,2003),下列表达式成立:

$$\tilde{V}_s'(y_s^* , \theta_s) - \mu_s^* = 0, \quad 若\ y_s^* >0, \quad \forall\, s \in S \qquad (5-21)$$

$$\mu_s^* - \varphi_{p_1}^* = \mu_s^* - \varphi_{p_2}^* = 0, \quad 若\ y_s^* >0, \quad \forall\, s \in S, \quad \forall\, p_1, p_2 \in P(s) \qquad (5-22)$$

式(5-21)和式(5-22)是资源分配问题(5-3)存在最优解的必要条件。

所以,如果一个 SaaS 提供商 s 同时使用多个云资源提供商并获得最优资源,p_1, $p_2 \in P(s)$,则有:

$$\varphi_{p_1}^* = \varphi_{p_2}^* = \mu_s^* = \frac{d\,\tilde{V}_s(y_s , \theta_s)}{dy_s}$$

定理得证。

这里注意:IaaS 提供商 p 收取的价格和 SaaS 提供商 s 支付的价格双方形成一个博弈,在 IaaS 层资源分配模型(5-3)实现最优资源分配时,该博弈过程到达平衡点,则平衡点就是模型的最优价格。

5.2　IaaS 层资源分配算法

5.2.1　算法描述

这里，采用梯度投影法求解近似凸优化问题（5-9），并提出以下资源分配算法以实现最优资源分配。SaaS 提供商和 IaaS 提供商之间的算法仅依赖于每个资源提供者。

资源分配算法：

每个云资源提供者 p 用以下算法更新其为 SaaS 提供商 s 分配的资源 $y_s(t)$。

$$y_s(t+1) = (y_s(t) + \kappa y_s(t)(\mu_s(t) - \varphi_p(t)))^+, \quad p \in P(s) \quad (5-23)$$

$$\mu_s(t) = \frac{d\tilde{V}(y_s(t), \theta_s(t))}{dy_s(t)} \quad (5-24)$$

利用式（5-24）可以得到 SaaS 提供商 s 应该支付给 IaaS 提供商 p 的价格 $\mu_s(t)$。

然后每个云资源提供商 p 使用基于梯度投影法的算法来更新其资源价格 $\varphi_p(t)$，见式（5-25）：

$$\varphi_p(t+1) = \left(\varphi_p(t) + \delta \frac{z_p(t) - C_p}{C_p}\right)^+, \quad p \in P \quad (5-25)$$

$$z_p(t) = \sum_{p \in P} y_p(t)$$

其中，$\kappa > 0$，$\delta > 0$ 为步长，当 $a > 0$ 时，$(a)^+ = a$，其余情况下 $(a)^+ = 0$。

近似优化问题（5-9）包含了一系列的近似值。当选择适当的值 $\theta = [\theta_1, \theta_2, \cdots, \theta_S]$ 时，可以通过使用上面的资源分配更新算法来获得相应的近似问题的最优解。为了能够确保近似问题（5-9）逐步逼近原优化问题，每一个云资源提供者 p 根据式（5-7）来更新参数 $\theta_s(t)$。这里，$\theta_s(t)$ 的计算公式如下：

$$\theta_s(t) = \frac{U_s(y_s(t))}{\sum_{s \in S} U_s(y_s(t))} \quad (5-26)$$

根据式（5-23）计算部署的每个应用程序所占用的云资源 $y_s(t)$，利用式（5-24）得到 SaaS 云资源提供商 s 支付的价格 $\mu_s(t)$，利用式（5-25）得到 IaaS 云资源提供商 p 应该收取的价格 $\varphi_p(t)$。可以发现，$y_s(t)$ 依赖于 SaaS 提供商 s 支付给云资源提供商 p 的价格 $\mu_s(t)$ 和云资源提供商 p 收取的单位资源价格 $\varphi_p(t)$。

5.2.2 算法实施流程

SaaS 提供商和 IaaS 提供商之间的资源分配算法可以通过以下具体步骤来描述。

步骤 1：初始化时间 $t=0$。

步骤 2：初始化变量和参数。选取合适的参数 θ_s 和步长 $\kappa>0$，$\delta>0$，初始化云资源提供商为每一个 IaaS 提供商的资源分配 $y_s(t)$，IaaS 提供商收取的价格 $\varphi_p(t)$。

步骤 3：根据式（5-24）可以得到 SaaS 提供商 s 应该支付给 IaaS 提供商的价格 $\mu_s(t)$，如果 $\mu_s(t) \neq \varphi_p(t)$，则不符合收敛条件。

步骤 4：令时刻 $t=t+1$。

步骤 5：根据式（5-26）更新 $\theta_s(t)$ 的值。

步骤 6：根据式（5-23）更新云资源提供商的资源分配 $y_s(t+1)$，根据式（5-24）更新 SaaS 提供商应该支付给 IaaS 提供商的价格 $\mu_s(t+1)$，根据式（5-25）更新 IaaS 提供商收取 SaaS 提供商的价格 $\varphi_p(t+1)$。

步骤 7：判断当 $\mu_s(t) \neq \varphi_p(t)$ 时，一直迭代循环步骤 4 至步骤 6，并不断更新 $\theta_s(t+1)$、$y_s(t+1)$、$\mu_s(t+1)$、$\varphi_p(t+1)$。

步骤 8：直到 $\mu_s(t)=\varphi_p(t)$ 满足资源分配模型的收敛条件，停止循环。

步骤 9：分别计算得到最优的资源分配值 y_s 和最优价格 μ_s，φ_p。

当迭代过程达到平衡时，可以停止迭代循环，并且得到云资源分配的最优值。

图 5-2 为 IaaS 层资源分配模型的算法流程。

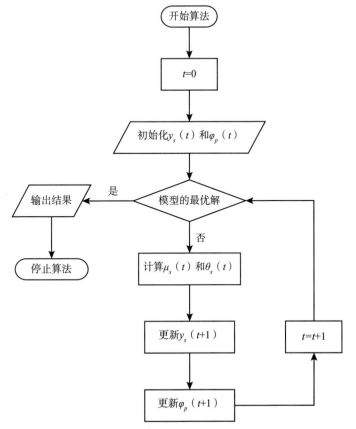

图 5-2　IaaS 层资源分配算法流程

资料来源：苑凯博. 企业应用云部署跨层效用优化与资源分配研究 ［D］. 秦皇岛：燕山大学，2020.

5.3　资源管理模型与算法性能分析

在上述的云资源分配方案中，可以为近似优化模型（5-4）、模型（5-5）和模型（5-8）给出类似于式（5-11）的拉格朗日函数。在最优资源分配过程中，通过分析云资源提供商 p 收取的价格可以得到引理 5.3。

引理 5.3　若 η 表示为近似优化模型（5-4）的约束条件的拉格朗日乘子，若 γ 和 η 分别表示为近似优化模型（5-5）的第一个和第二个约束条件的拉格朗日乘子，如果 $(y^*, r^*, \gamma^*, \eta^*)$ 是近似优化模型（5-5）的 KKT 点，那么 (x^*, y^*, η^*) 也就是近似优化模型（5-4）的 KKT 点，而且

$(y^*, r^*, \gamma^*, \eta^*)$ 还是资源分配模型（5-3）的 KKT 点。

同样，令 φ 和 υ 分别表示近似优化模型（5-8）的第一个和第二个约束条件的拉格朗日乘子，如果 $(y^*, r^*, \varphi^*, \upsilon^*)$ 是近似优化模型（5-8）的 KKT 点，那么 $(y^*, \varphi^*, \upsilon^*)$ 也就是模型（5-9）的 KKT 点，并且云资源提供商向 SaaS 提供商 s 收取的价格相同，即对于 $p, q \in P(s)$，$p \neq q$，则 $\varphi_p^* = \varphi_q^*$。

证明： 在凸优化方法中，可以采用类似于前述的方法得到各个优化问题的 KKT 条件。通过逐项比较 KKT 条件可以来验证上述结果。在最优资源分配处，一个 IaaS 提供商收取的价格实际上等于 SaaS 提供商用户提供的价格即 μ_s^*。

根据引理 5.3，可以得到定理 5.2。

定理 5.2　资源分配算法（5-23）至算法（5-26）收敛到能够使 IaaS 层资源分配问题（5-3）满足 KKT 条件的驻点。

证明： 将近似优化模型（5-5）和模型（5-8）的第一个约束重写为以下等效约束：

$$f_1(x) = \frac{r}{\log\left(\sum_{s \in S} U_s(y_s)\right)} \leqslant 1$$

$$f_2(x) = \frac{r}{\sum_{s \in S} \theta_s \log\left(\frac{U_s(y_s)}{\theta_s}\right)} \leqslant 1$$

模型（5-8）包含一系列近似模型（5-5）的近似值。已经证明，如果近似值满足以下三个条件，则该一系列逼近的解将收敛到满足原问题的 KKT 条件的点：

条件 1： 对于所有 x 满足 $f_1(x) \leqslant f_2(x)$。

条件 2： $f_1(\tilde{x}) = f_2(\tilde{x})$ 其中 $\tilde{x}$ 是上一次迭代中近似问题的最优解。

条件 3： $\nabla f_1(\tilde{x}) = \nabla f_2(\tilde{x})$，$f_1(\tilde{x})$ 与 $f_2(\tilde{x})$ 的一次导数相同。

对于该定理，引理 5.1 显然满足了条件 1。引理 5.1 和引理 5.2 也可以得到条件 2。取导数并进行比较后可以验证条件 3。资源分配算法（5-23）至算法（5-26）也可以收敛到满足近似优化模型（5-5）的 KKT 条件的最优解。该资源分配算法的平衡点也是基于引理 5.3 的模型（5-4）以及原资源分配模型（5-3）的满足 KKT 条件的最优解。

因此所提出的算法收敛于 IaaS 层资源分配模型的最优解，它也满足具有弹性和非弹性业务量的非凸跨层云部署效用最大化模型的 KKT 条件。

5.4 IaaS 层资源管理性能评估

5.4.1 企业应用云部署场景描述

在云数据中心的部署过程中，需要为应用程序分配云数据中心的资源。企业应用云部署跨层效用优化与资源分配具体应用场景如第 4 章图 4 - 3 所示。

企业应用程序迁移至云端时，为满足最大化 SaaS 提供商效用以及最小化 IaaS 提供商成本的目标，通过云部署模型得到应用程序所占用的最优云资源数量。全局资源控制器负责实时监控云数据中心的物理机资源，并通过管理虚拟机的部署与相应的云资源调度来完成企业应用在云数据中心的部署。

SaaS 提供商在 IaaS 提供商的云数据中心进行满足应用程序所需资源的部署。因此，在云数据中心的云部署过程中需要为应用程序分配资源。企业应用云部署方案既满足了 SaaS 提供商利润最大化，又满足了云数据中心成本最小化，也为企业实现了应用在云中的部署。提出的云资源分配模型使 IaaS 提供商减少了云资源配置不均衡的现象，每一个应用获得的云端物理资源的多少取决于 SaaS 提供商为每个应用程序支付的部署意愿费用。当云数据中心接收规模较大的企业应用时，模型能够为 SaaS 提供商应用分配最优的资源值。今后企业应用服务在云端部署会随着数字化的发展而成为一个常态，这需要有一个能够解决企业应用部署到云端的云资源分配的优化模型，因此本章提出的云部署跨层效用优化模型及资源分配算法，可以有效解决企业应用云迁移部署过程中云资源分配优化的任务。

5.4.2 IaaS 层资源分配仿真与分析

借助于 IaaS 层实现的云计算资源最优分配，SaaS 提供商可以为上层用户提供三种不同场景下的服务，即全为弹性服务、全为非弹性服务和弹性非弹性服务共存的异构服务。每种场景对应下的 IaaS 提供商资源分配效用函数不同。不同服务需求场景下的不同资源分配函数，在三种不同的场景中分别给出具体实例，其中弹性效用函数形式为 $U(y_s) = c_s \log(y_s + 1)$，非弹性效用函数形式为 $U_s(y_s) = c_s \left(\dfrac{1}{1 + e^{-a_s(y_s - b_s)}} + d_s \right)$，利用 Matlab 完成对 IaaS 层资源分配的仿真和具体分析。

场景 1：服务提供商提供的都是弹性服务。

在场景 1 中，物理机的计算能力以云端内存资源为具体实例。假设 5 个 IaaS 提供商向 2 个 SaaS 提供商提供计算资源。假设 $C = (C_1, C_2, C_3, C_4, C_5) = (8, 8, 8, 8, 8)$GB，这里 GB 是一种计算机存储单位，常用于标识硬盘、存储器等具有较大容量的储存媒介。每个 SaaS 提供商愿意为应用部署进云而支付的最大费用为 $w = (w_1, w_2) = (10, 5)$，IaaS 提供商提供资源分配的初始值 $y = (y_1, y_2, y_3, y_4, y_5) = (2, 2, 2, 2, 2)$GB，在提出的算法中，步长设为 $\kappa = 0.3$，$\delta = 0.8$，$\theta_s = 0.3$。IaaS 提供商为 SaaS 提供商 1 提供资源的效用函数为 $U_1(y_1) = w_1 \log(y_1 + 1)$，IaaS 提供商为 SaaS 提供商 2 提供资源的效用函数为 $U_2(y_2) = w_2 \log(y_2 + 1)$。

利用算法（5-23）至算法（5-26）对资源分配模型进行仿真，结果如图 5-3 所示，其中（a）图表示 IaaS 提供商为 SaaS 提供商 1 和提供商 2 分别提供的具体资源量，（b）图表示 IaaS 提供商为 SaaS 提供商 1 和提供商 2 提供内存资源后的具体效用及 SaaS 提供商 1 和提供商 2 的总效用。

从图 5-3 中可以看出，（a）图中 y_1 表示 IaaS 提供商为 SaaS 提供商 1 提供的具体资源，可以看出在有限的迭代次数内资源分配收敛到固定数值 $y_1 = 20$，表明 SaaS 提供商 1 达到了最优资源分配量，即 IaaS 提供商可以根据计算出的结果为 SaaS 提供商 1 分配相关的资源服务。（a）图中 y_2 表示 IaaS 提供商为 SaaS 提供商 2 提供的具体资源，同样可以看出在有限的迭代次数内资源分配收敛到固定数值 $y_2 = 20$，表明 SaaS 提供商 2 也达到了最优资源分配量，IaaS 提供商也可以根据计算出的结果为 SaaS 提供商 2 分配相关的资源服务。（b）图中 U_1 和 U_2 代表部署至云端的 SaaS 提供商 1 和提供商 2 在弹性服务资源分配后的效用。效用在有限的迭代内收敛到稳定值 $U_1 = 30.4$、$U_2 = 15.2$。稳定的效用

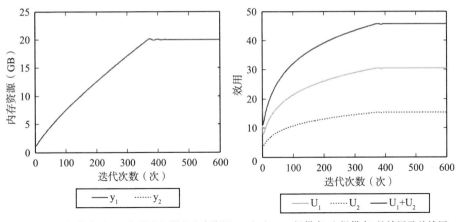

（a）IaaS提供商为SaaS提供商提供的内存资源　（b）SaaS提供商1和提供商2的效用及总效用

注：（a）图中 y_1 和 y_2 重合。

图 5 – 3　弹性服务 IaaS 层中云部署最优内存资源分配

资料来源：苑凯博. 企业应用云部署跨层效用优化与资源分配研究［D］. 秦皇岛：燕山大学，2020.

值表示 IaaS 提供商与 SaaS 提供商在双方都能满意的价格下进行资源分配，IaaS 提供商能够保证自身的收益，而 SaaS 提供商的弹性服务需求也能够在一定价格下得到满足。

场景 2：服务提供商提供的都是非弹性服务。

在都是非弹性服务的场景 2 中，物理机的计算能力以云中内存资源为具体实例。与场景 1 相同，假设 5 个 IaaS 提供商向 2 个 SaaS 提供商提供计算资源。假设 $C = (C_1, C_2, C_3, C_4, C_5) = (8, 8, 8, 8, 8)$ GB，每个 SaaS 提供商愿意为应用部署进云而支付的最大费用为 $w = (w_1, w_2) = (10, 5)$，IaaS 提供商提供资源分配的初始值 $y = (y_1, y_2, y_3, y_4, y_5) = (2, 2, 2, 2, 2)$ GB，在提出的算法中，步长设为 $\kappa = 0.3$，$\delta = 0.8$，$\theta_s = 0.3$。IaaS 提供商为提供资源的效用函数为 $U_1(y_1) = 10(1/(1 + e^{-(y_1-2)}) - 1/(1 + e^2))$，IaaS 提供商为 SaaS 提供商 2 提供资源的效用函数为 $U_2(y_2) = 5((1/1 + e^{-(y_2-4)}) - (1/1 + e^4))$。

利用提出的算法（5 – 23）至算法（5 – 26）对资源分配模型进行仿真，结果如图 5 – 4 所示，其中（a）图表示 IaaS 提供商为 SaaS 提供商 1 和提供商 2 分别提供的具体资源量，（b）图表示 IaaS 提供商为 SaaS 提供商 1 和提供商 2 提供内存资源后的具体效用及 SaaS 提供商 1 和提供商 2 的总效用。

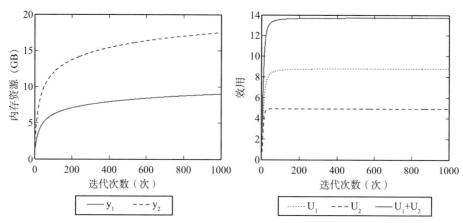

（a）IaaS提供商为SaaS提供商提供的内存资源　　（b）SaaS提供商1和提供商2的效用及总效用

图 5-4　非弹性服务 IaaS 层中云部署最优内存资源分配

资料来源：苑凯博. 企业应用云部署跨层效用优化与资源分配研究［D］. 秦皇岛：燕山大学，2020.

从图 5-4 中可以看出，（a）图中 y_1 表示 IaaS 提供商为 SaaS 提供商 1 提供的具体资源。可以看出，在有限的迭代次数内资源分配收敛于固定值 $y_1 = 11.1$，表明 SaaS 提供商 1 达到了最优资源分配量，IaaS 提供商可以根据计算出的结果为 SaaS 提供商 1 分配相关的资源服务。（a）图中 y_2 表示 IaaS 提供商为 SaaS 提供商 2 提供的具体资源。可以看出，在有限的迭代次数内资源分配收敛于固定值 $y_2 = 21.5$，表明 SaaS 提供商 2 达到了最优资源分配量，IaaS 提供商可以根据计算出的结果为 SaaS 提供商 2 分配相关的资源服务。（b）图中 U_1 和 U_2 代表部署至云端的 SaaS 提供商 1 和提供商 2 在非弹性服务资源分配后的效用。效用在有限的迭代内收敛于 $U_1 = 8.8$、$U_2 = 4.9$，稳定的效用值表示 IaaS 提供商与 SaaS 提供商在双方都能满意的价格下进行资源分配，IaaS 提供商能够保证自身的收益，而 SaaS 提供商的非弹性服务需求也能在一定价格下得到满足。

场景 3：服务提供商提供的为异构服务。

在场景 3 中，物理机的计算能力以云中内存资源为具体实例。与场景 1 和场景 2 类似，假设 5 个 IaaS 提供商向 2 个 SaaS 提供商提供计算资源。假设 $C = (C_1, C_2, C_3, C_4, C_5) = (8, 8, 8, 8, 8)$ GB。每个 SaaS 提供商愿意为应用部署进云端而支付的最大费用为 $w = (w_1, w_2) = (10, 5)$，IaaS 提供商提供资源分配的初始值 $y = (y_1, y_2, y_3, y_4, y_5) = (2, 2, 2, 2, 2)$GB，在提出的算法中，步长设为 $\kappa = 0.3$，$\delta = 0.8$，$\theta_s = 0.3$。IaaS 提供商为 SaaS 提供商 1 提供资源的效用函数为 $U_1(y_1) = 10\log(y_1 + 1)$，IaaS 提供商为 SaaS 提供商 2 提供资源的效用函数为 $U_2(y_2) = 5((1/1 + e^{-(y_2-4)}) - (1/1 + e^4))$。利用算法（5–23）至算法（5–26）对资源分配模型进行仿真，结果如图 5–5 所示，其中（a）图表示 IaaS 提供商为 SaaS 提供商 1 和提供商 2 分别提供的具体资源数量，（b）图表示 IaaS 提供商为 SaaS 提供商 1 和提供商 2 提供内存资源后的具体效用及 SaaS 提供商 1 和提供商 2 的总效用。

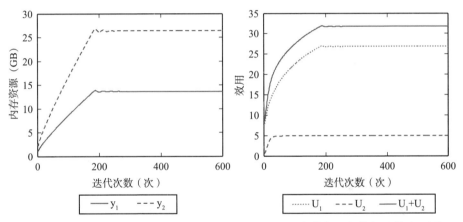

（a）IaaS提供商为SaaS提供商提供的内存资源　　（b）SaaS提供商1和提供商2的效用及总效用

图 5–5　异构服务 IaaS 层中云部署最优内存资源分配

资料来源：苑凯博. 企业应用云部署跨层效用优化与资源分配研究 ［D］. 秦皇岛：燕山大学，2020.

从图 5–5 中可以看出，（a）图中 y_1 表示 IaaS 提供商为 SaaS 提供商 1 提供的具体资源，在有限的迭代次数内资源分配收敛于一个固定数值 $y_1 = 13.6$，表明 SaaS 提供商 1 达到了最优资源分配量，IaaS 提供商可以根据计算出的结果为 SaaS 提供商 1 分配相关的资源服务。（a）图中 y_2 表示 IaaS 提供商为 SaaS 提供商 2 提供的具体资源，同样可以看出，在有限的迭代次数内资源分配收敛在一个固定数值上 $y_2 = 26.4$，表明 SaaS 提供商 2 达到了最优资源分配量，IaaS 提供商根据计算出的结果为 SaaS 提供商 2 分配相关的资源服务。（b）图中 U_1 和 U_2 代表部署至云端的 SaaS 提供商 1 和提供商 2 在异构服务资源分配后的效用。效用在有限的迭代内收敛于稳定值 $U_1 = 26.8$、$U_2 = 4.9$。稳定的效用值表示 Iaas 提供商与 SaaS 提供商在双方都能满意的价格下进行资源分配，IaaS 提供商能够保证自身的收益，而 SaaS 提供商的异构服务需求也能在一定价格下得到满足。

第6章　企业应用云迁移与
带宽资源分配

前面章节简单介绍了云计算体系结构、云数据中心和云计算资源分配算法。本章研究企业应用云迁移过程中，应用程序从企业本地传输至云数据中心时的接入链路带宽资源分配算法，目标是缩短应用程序的迁移时间，提高企业用户的满意度。

6.1　企业应用云迁移架构及关键步骤

6.1.1　企业应用云迁移拓扑架构

企业应用云迁移是云计算的一种具体服务，是将应用程序从企业本地数据中心迁移至云数据中心（企业应用迁移部署进云的参考框架见图3-2，具体实施体系架构见图3-3）企业应用程序通常包含三个层次：前端层、商业逻辑层和后端层（Huang et al.，2014）。前端服务器和商业逻辑层虚拟机允许部分或者全部的应用程序组件迁移进云，后端数据库服务器由于涉及企业运营数据，有些企业需将这些服务器及其相关组件均保留在本地。图6-1给出了企业应用迁移进云的拓扑参考架构，解释了企业应用组件之间的逻辑关系及迁移进云的拓扑结构。

根据企业应用程序提供的服务类型可以分为弹性应用程序和非弹性应用程序两类。弹性应用通常是传统的数据服务，非弹性应用一般是视频与音频服务，本章研究的是企业弹性应用迁移进云的资源分配问题。

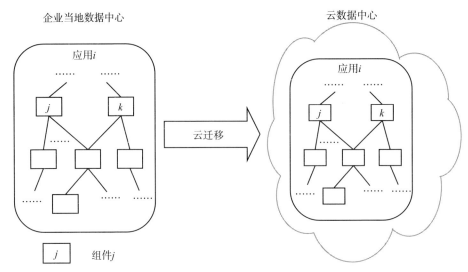

图 6 – 1   企业应用云迁移拓扑参考架构示例

资料来源：Li S, Sun W. Utility Maximisation for Resource Allocation of Migrating Enterprise Applications into the Cloud [J]. Enterprise Information Systems, 2021, 15（2）: 197 – 229.

6.1.2   企业应用云迁移的关键步骤

企业应用程序迁移至云端需要将企业网络通过云数据中心接入链路连接至云数据中心，当应用程序到达云数据中心，云计算服务提供商会根据云数据中心整体的资源状况部署企业的应用程序。所以，企业应用程序云迁移部署可以分为两个阶段。（1）应用程序的云端迁移传输。企业应用程序通常由多个组件构成，所以应用程序的云端迁移就是组成应用程序的组件从企业本地数据中心到云端的传输过程。第一阶段即迁移传输阶段，在此过程中应用程序使用的是接入链路带宽资源。（2）应用程序在云端的部署。应用程序是由多个组件构成的，迁移到云端后则应用程序部署就是组成应用程序的组件在云数据中心的部署。第二阶段即企业应用云部署阶段，在此过程中应用程序需要占用云数据中心物理机的资源。

在这两个阶段，应用程序的组件都会占用不同类型的云计算资源，合理的资源分配能够缩短应用程序迁移传输至云端的时间，提高企业用户的满意度，同时还能提高云数据中心的资源利用率，保证云服务商的经济收益与用户的消费支出。

本章中使用的符号如表 6 - 1 所示。

表 6 - 1　　　　　　　　　　　　　符号列表

符号	说明
S	应用程序的集合，每个元素为应用程序 s
R	组件的集合，每个元素为组件 r
L	链路的集合，每个元素为链路 l
$R(s)$	应用程序 s 的组件的集合
$S(l)$	使用链路 l 的应用程序的组件
$L(r)$	组件 r 使用的链路的集合
x_{sr}^{l}	应用程序 s 的组件 r 从链路 l 中获取的带宽资源
z_{s}	应用程序 s 的总带宽资源
C_{l}	链路 l 的带宽资源容量

6.2　企业应用云迁移的带宽资源分配模型

6.2.1　带宽资源分配模型描述

企业的各个应用程序都是由多个组件组成的，将企业应用程序迁移至云数据中心就是将组成每个应用的各个组件对应的数据任务负载都迁移至云数据中心，所以在第一阶段为应用程序分配带宽资源就是为应用的组件分配合理的带宽资源。为应用程序分配的带宽资源过少会造成应用迁移时间过长，降低用户的满意度，所以合理的带宽资源分配能够有效降低云迁移的完工时间，能够提高企业用户的满意度。也就是说，企业应用云迁移的最短传输时间是带宽资源分配要实现的目标。假设传输至云数据中心的企业应用集合为 S，元素为应用 $s \in S$；组成应用的组件集合为 R，元素为组件 $r \in R$；链路集合为 L，元素为链路 $l \in L$；$R(s)$ 为应用 s 的组件的集合；$S(l)$ 为使用链路 $l \in L$ 的应用的集合；L

(s) 为承载应用 $s \in S$ 链路的集合。假设应用 s 的组件 r 从链路 l 获得的带宽资源为 x_{sr}^l，x_{sr}^l 满足 $x_{sr}^l \geqslant 0$，则每个应用 s 获得的总的链路资源 $z_s = \sum\limits_{r \in R(s)} \sum\limits_{l \in L(s)} x_{sr}^l$；每一条链路 l 的资源容量为 C_l，所以每条链路承载的任务量不能超过最大的资源容量，即满足不等式 $\sum\limits_{s \in S(l)} \sum\limits_{r \in R(s)} x_{sr}^l \leqslant C_l$。企业用户将本地的应用程序迁移至云端需要一定的传输时间，最短的传输时间能够提高用户的满意度。用户的应用程序的任务负载是 D_s。云数据中心完成应用传输的任务有一定的期限 T，而实际的任务传输时间为 $\sum\limits_{s \in S} \dfrac{D_s}{z_s}$，因此，企业应用传输至云数据中心的带宽资源分配问题，可以视为任务传输时间差最大化问题：

$$\max T - \sum_{s \in S} \frac{D_s}{z_s}$$

$$\text{subject to} \quad \sum_{r \in R(s)} \sum_{l \in L(s)} x_{sr}^l = z_s, \forall s \in S$$

$$\sum_{s \in S(l)} \sum_{r \in R(s)} x_{sr}^l \leqslant C_l, \quad \forall l \in L$$

$$\text{over} \quad x_{sr}^l \geqslant 0, \ s \in S, \ l \in L, \ r \in R \qquad (6-1)$$

企业应用迁移至云端的带宽资源分配问题（6-1）的目标是最小化应用的任务传输时间，而这一目标仅依赖于应用程序占用的总带宽资源 z_s。因此，带宽资源分配问题（6-1）是关于企业应用占用的总资源而实现的带宽资源分配。

由凸规划理论（Bertsekas，2003）可以得到：带宽资源分配问题（6-1）的目标函数关于原变量 $z = (z_s, s \in S)$ 是严格的凹函数，而关于变量 $x = (x_{sr}^l, s \in S, l \in L, r \in R)$ 是凹函数但并不是严格的凹函数，因此得到定理 6.1。

定理 6.1 企业应用迁移传输至云数据中心的带宽资源分配模型（6-1）是一个凸规划问题，每个应用的各个组件占用的最优带宽资源 $x^* = (x_{sr}^{l*}, s \in S, l \in L, r \in R)$ 存在，但是并不是唯一确定的，而每个应用 s 占用的总带宽资源 $z^* = (z_s^*, s \in S)$ 存在并且是唯一确定的。

证明： 带宽资源分配问题（6-1）的两个约束条件都是呈线性的，并且约束的集合域是凸集。目标函数的二次导数为 $\sum\limits_{s \in S} \dfrac{-2D_s}{z_s^3} < 0$，目标函数关于

变量 $x = (x_{sr}^l,\ s \in S,\ l \in L,\ r \in R)$ 的海森矩阵是一个非正定矩阵，也就意味着带宽资源分配问题（6-1）的目标函数关于变量 $x = (x_{sr}^l,\ s \in S,\ l \in L,\ r \in R)$ 不是一个严格的凹函数。根据凸优化理论，带宽资源分配问题（6-1）是一个凸规划问题，每个应用程序的组件在各条链路上的最优带宽资源存在但是不唯一。因为 $\dfrac{-2D_s}{z_s^3} < 0$，所以带宽资源分配问题（6-1）的目标函数关于原变量 $z = (z_s,\ s \in S)$ 是严格的凹函数。所以应用程序占用的总最优带宽资源是唯一确定的。

6.2.2　带宽资源分配模型分析

为了得到企业应用迁移传输至云数据中心的带宽资源分配问题（6-1）的最优解，引入拉格朗日函数：

$$L(x,\ z;\ \varpi,\ \mu) = \left(T - \sum_{s \in S} \frac{D_s}{z_s} \right)$$
$$+ \sum_{s \in S} \varpi_s \left(\sum_{r \in R(s)} \sum_{l \in L(s)} x_{sr}^l - z_s \right) + \sum_{l \in L} \mu_l \left(C_l - \sum_{s \in S(l)} \sum_{r \in R(s)} x_{sr}^l - \delta_l^2 \right)$$

$$(6-2)$$

其中，$\varpi = (\varpi_s,\ s \in S)$，$\mu = (\mu_p,\ p \in P)$ 是拉格朗日乘子向量，δ_l^2 是松弛因子。ϖ_s 可以看作用户为应用 s 支付的每单位带宽资源的价格，μ_l 可以理解为链路 l 对使用其资源的弹性应用收取的价格。$\sum_{s \in S(l)} \sum_{r \in R(s)} x_{sr}^l$ 是弹性应用 s 的组件已占用链路 l 的资源，而 $\delta_l^2 \geqslant 0$ 可以理解为是链路 l 上的未被利用的带宽资源。

将上述拉格朗日函数进行变形后，可以写成：

$$L(x,\ z;\ \varpi,\ \mu) = \left(T - \sum_{s \in S} \left(\frac{D_s}{z_s} + \varpi_s z_s \right) \right)$$
$$+ \sum_{s \in S} \sum_{l \in L(s)} \sum_{r \in R(s)} x_{sr}^l (\varpi_s - \mu_l) + \sum_{l \in L} \mu_l (C_l - \delta_l^2)$$

$$(6-3)$$

企业应用迁移至云数据中心的带宽资源分配模型（6-1）的对偶问题的目标函数是：

$$N(\varpi, \mu) = \max_{x,z} L(x, z; \varpi, \mu)$$

$$= \sum_{s \in S} G_s(\varpi_s) + \sum_{s \in S} \sum_{l \in L(s)} \sum_{r \in R(s)} H_{sl}(\varpi_s, \mu_l) + \sum_{l \in L} \mu_l(C_l - \delta_l^2)$$

$$(6-4)$$

其中，

$$G_s(\varpi_s) = \max_z \left(T - \sum_{s \in S} \left(\frac{D_s}{z_s} + \varpi_s z_s \right) \right) \tag{6-5}$$

$$H_{sl}(\varpi_s, \mu_l) = \max_{x_{sr}^l} (x_{sr}^{l*}(\varpi_s - \mu_l)) \tag{6-6}$$

所以，企业应用迁移至云数据中心的带宽资源分配模型（6-1）的最优带宽资源分配可以表示为：

$$z_s^*(\varpi_s) = \arg\max_z \left(T - \sum_{s \in S} \left(\frac{D_s}{z_s} + \varpi_s z_s \right) \right) \tag{6-7}$$

$$x_{sr}^{l*}(\mu_l) = \arg\max_{x_{sr}^l} (x_{sr}^l(\varpi_s)(\varpi_s - \mu_l)) \tag{6-8}$$

其中，$\sum_{l \in L(s)} x_{sr}^l(\varpi_s) = z_s^*(\varpi_s)$。

带宽资源分配模型（6-1）的对偶问题为：

$$\min N(\varpi, \mu) \tag{6-9}$$

$$\text{over } \varpi_s \geq 0, \ \mu_l \geq 0, \ s \in S, \ l \in L$$

假设带宽资源分配模型（6-1）与它的对偶问题（6-9）的最优解是 $(x^*, z^*, \varpi^*, \mu^*)$，通过分析企业用户支付的价格与云数据中心链路收取的价格，可以得到定理6.2。

定理6.2 考虑带宽资源分配问题（6-1），假设 l_1 和 l_2 是应用 s 的组件传输使用的链路，在带宽资源分配模型中的最优点处，若占用该两条链路的带宽资源不为零，则该应用 s 使用的这两条链路收取的价格是相同的，即若 $x_{sr}^{l_1*} > 0$，$x_{sr}^{l_2*} > 0$，其中 $l_1, l_2 \in L(s)$，则 $\mu_{l_1}^* = \mu_{l_2}^* = \varpi_s^*$。

证明： 在企业应用迁移至云数据中心的带宽资源分配模型（6-1）的最优资源分配处，根据凸优化问题的 KKT 条件，下列式子成立：

$$- \sum_{s \in S} \frac{D_s}{z_s^2} + \varpi_s = 0, \ \text{若} \ z_s^* > 0, \ \forall s \in S \tag{6-10}$$

$$\varpi_s^* - \mu_l^* = 0, \ \text{若} \ x_{sr}^{l*} > 0, \ \forall s \in S, \ \forall l \in L(s), \ \forall r \in R \tag{6-11}$$

式（6-10）和式（6-11）是带宽资源分配问题（6-1）存在最优解的必

要条件。因此，一个应用的多个组件使用不同的链路 l_1，$l_2 \in L(s)$，若 $x_{sr}^{l_1 *} > 0$，$x_{sr}^{l_2 *} > 0$，则一定有：

$$\mu_l^* = \varpi_s^* = \frac{D_s}{(z_s^*)^2} \tag{6-12}$$

6.2.3　最优带宽资源分配

从云资源提供商的角度考虑，尽量提高每一条接入链路的带宽资源利用率以便降低迁移能耗和成本等。在带宽资源分配模型（6-1）中，δ_l^2 表示链路 l 剩余的资源，根据 KKT 条件，当 $\delta_l^2 = 0$ 时，则该链路对应的资源约束是积极约束；当 $\delta_l^2 > 0$ 时，该链路对应的资源约束为非积极约束。在后面分析中，不妨假设所有链路均满足 $\delta_l^2 = 0$，否则，可以将非积极约束省略而仅考虑积极约束。由此，式（6-2）可变形为：

$$L(z; \mu) = \left(T - \sum_{s \in S} \left(\frac{D_s}{z_s} + \varpi_s z_s \right) \right) + \mu \sum_{l \in L} C_l \tag{6-13}$$

因为 $\mu_{l_1} = \mu_{l_2} = \mu$，也就是说云数据中心的接入链路向应用程序 $s \in S$ 收取的价格是相同的，式（6-13）可以变形为：

$$L(z; \mu) = \left(T - \sum_{s \in S} 2\mu^{\frac{1}{2}} D_s^{\frac{1}{2}} \right) + \mu \sum_{l \in L} C_l \tag{6-14}$$

令 $\partial \bar{L}(z; \mu)/\partial \mu = 0$，可以得到：

$$\mu = \left(\frac{\sum\limits_{s \in S} D_s^{\frac{1}{2}}}{\sum\limits_{l \in L} C_l} \right)^2, \quad z_s = \sum_{r \in R(s)} \sum_{l \in L(s)} x_{sr}^l = \frac{D_s^{\frac{1}{2}} \sum\limits_{l \in L} C_l}{\sum\limits_{s \in S} D_s^{\frac{1}{2}}}$$

如果 $D_s = D$，也就是说每个应用程序有相同的负载，则 $z_s = \dfrac{\sum\limits_{l \in L} C_l}{|S|}$，其中，$|S|$ 是所有迁移进云的企业应用的总数量。

当企业用户将其应用迁移至云端，在应用组件传输过程中应用程序所占用总的最优带宽资源取决于应用程序的数量、云数据中心链路数量和接入链路的带宽资源容量，并且应用程序占用的总最优带宽资源是唯一的。

6.3　企业应用云迁移带宽资源分配算法设计

6.3.1　算法描述

为了实现企业应用云迁移在接入链路上的最优带宽资源分配，提出如下的资源分配算法：

$$x_{sr}^l(t+1) = \left(x_{sr}^l(t) + \kappa x_{sr}^l(t)\left(\varpi_s(t) - \mu_l(t) \right) \right)_{x_{sr}^l(t)}^+ \tag{6-15}$$

$$\varpi_s(t) = \frac{D_s}{\left(z_s(t) \right)^2} \tag{6-16}$$

$$\mu_l(t+1) = \left(\mu_l(t) + \tau \frac{\rho_l(t) - C_l}{C_l} \right)_{\mu_l(t)}^+ \tag{6-17}$$

$$\rho_l(t) = \sum_{s \in S(l)} \sum_{r \in R(s)} x_{sr}^l(t) \tag{6-18}$$

$$z_s(t) = \sum_{r \in R(s)} \sum_{p \in P(l)} x_{sr}^l(t) \tag{6-19}$$

其中，$\kappa > 0$、$\tau > 0$ 是算法的迭代步长，若 $c > 0$，函数 $a = (b)_c^+ = b$；若 $c \leq 0$，$a = (b)_c^+ = \max\{0, b\}$。

在式（6-15）至式（6-19）中，云数据中心根据式（6-18）得到每条链路承载应用程序的多个组件所占用的带宽资源 $\rho_l(t)$，根据式（6-17）更新下一个时刻应该收取用户的价格为 $\mu_l(t+1)$。与此同时，根据式（6-19）计算迁移至云数据中心的每个应用程序所占用的带宽资源 $z_s(t)$，利用式（6-16）得到用户应该支付给云数据中心的价格 $\varpi_s(t)$。根据式（6-15）更新下一时刻应用组件所占用的带宽资源 $x_{sr}^l(t+1)$。可以发现，$x_{sr}^l(t)$ 依赖于用户支付给云数据中心的单位带宽资源价格 $\varpi_s(t)$ 以及云数据中心收取的单位带宽资源价格 $\mu_l(t)$。该算法是分布式算法，能够根据局部可用信息实现最优带宽资源分配。

6.3.2　算法分析

该算法是一个基于梯度方法的逐步迭代过程，而带宽资源分配模型就是个凸优化问题，从而由凸优化理论可知，在有限迭代次数内，算法可以收敛到平衡点，即企业应用程序云迁移的带宽资源分配模型的最优点。

由于企业应用云迁移的带宽资源分配模型并不是严格的凸优化问题，因此云资源提供商为每个应用的组件分配的最优带宽资源并不是唯一的，上述提出的算法可能在最优点附近是振荡的，下面提出改进算法使其收敛到其中的一个最优点。

为了消除算法在最优点处可能存在的振荡现象，现在引入一个增广变量 $\tilde{x}_{sr}^l(t)$，表示云资源提供商为应用程序 s 的组件 r 分配资源的最优估计，将式 (6-15) 改进为如下表达式：

$$x_{sr}^l(t+1) = \left((1-\varsigma) x_{sr}^l(t) + \varsigma \tilde{x}_{sr}^l(t) + \varsigma \kappa x_{sr}^l(t) (\varpi_s(t) - \mu_p(t)) \right)_{x_{sr}^{\min}}^{x_{sr}^{\max}}$$

$$(6-20)$$

$$\tilde{x}_{sr}^l(t+1) = \left((1-\varsigma) \tilde{x}_{sr}^l(t) + \varsigma x_{sr}^l(t) \right)_{x_{sr}^{\min}}^{x_{sr}^{\max}} \qquad (6-21)$$

其中，ς 是改进算法中的低通滤波参数，可以通过滤波理论得到最优解，即 $x_{sr}^{l*} = \tilde{x}_{sr}^{l*}$。在不改变最优解的情况下，用增广变量 $\tilde{x}_{sr}^l(t)$ 来消除振荡。

上述提出的带宽资源分配算法是收敛的，一阶拉格朗日方法和低通滤波理论可以保证其收敛性。同时，由于带宽资源分配模型不是严格凹的，最优带宽资源分配不是唯一的，所以基本算法可能存在振荡现象。因此，在改进方案中采用了低通滤波方法消除了振荡现象，同时提高了收敛速度。在算法具体实施时，选择的步长大小会影响收敛速度，应该选择较小的步长以保证收敛，同时又不能过小，从而导致收敛过慢。因此，通过选择适当的步长可以保证算法在合理的时间内实现收敛。

6.3.3 算法的具体实施

企业应用程序云迁移的带宽资源分配算法流程如图 6-2 所示。在时刻 $t = 1, 2, \cdots, \infty$，算法在具体实施中的步骤描述如下。

（1）初始化变量和参数。选取合适的步长 κ、τ，初始化云数据中心为接入链路的每个应用 s 的组件 r 的带宽资源分配 $x_{sr}^l(t)$。

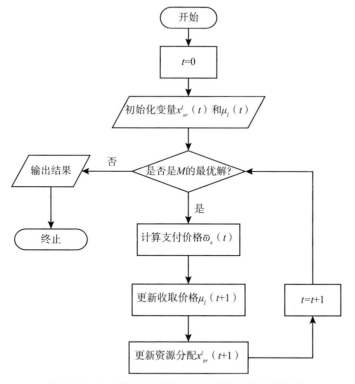

图 6 - 2　企业弹性应用程序带宽资源分配方案流程

资料来源：Li S, Zhang Y, Sun W. Optimal Resource Allocation Model and Algorithm for Elastic Enterprise Applications Migration to the Cloud ［J］. Mathematics, 2019, 7 （10）: 909.

（2）计算用户为应用支付的价格。用户根据式（6-19），计算要迁移的每个应用 s 所占用的带宽资源 $z_s(t)$，利用式（6-16）得到应用支付给链路的价格 $\varpi_s(t)$。

（3）计算云数据中心链路收取的价格。云数据中心根据式（6-18）得到每条链路承载应用程序的多个组件所占用的带宽资源 $\rho_l(t)$，根据式（6-17）更新下一时刻应该收取应用的价格 $\mu_l(t+1)$。

（4）更新云数据中心链路为应用组件分配的带宽资源。在时刻 $t+1$，根据式（6-20）和式（6-21），更新每条链路为每个应用组件分配的带宽资源量 $x_{sr}^l(t+1)$。

（5）设定算法终止条件。当算法达到平衡时，可以停止迭代过程，得到带宽资源分配的最优值。

6.4　企业应用云迁移带宽资源分配算法性能评估

6.4.1　企业应用云迁移情景描述

在图 6-3 中，企业决定将其应用程序迁移并部署到云数据中心，以降低自身的运营成本。企业通过接入链路访问云数据中心并进行应用程序的传输与迁移。因此，云迁移过程中需要为企业应用程序的每个组件分配带宽资源。在迁移过程中满足迁移时间最小化的目标，通过模型求解出应用程序的每个组件占用的带宽资源大小。

企业应用的各个组件传输至云端时，满足用户效用最大化的同时实现云数据中心成本最小化的目标，通过模型求解出应用程序的每个组件所占用云资源的大小。全局控制器工作在整个数据中心构成的资源池层次，负责虚拟机的部署与相应的云资源分配。

在云数据中心场景中，云资源提供商根据用户为每个应用迁移支付的费用计算出分配给每个应用的各个组件一定的资源，通过全局控制器部署虚拟机。例如，将不同物理机所承载的虚拟机整合成一台虚拟机，以便放置一个完整的应用程序；或者同一台物理机所承载的不同虚拟机根据剩余资源情况，迁移到一台虚拟机上，以便使空闲的虚拟机不再运行而节省能耗成本。虚拟机完成迁移与整合后，便开始执行命令任务，满足用户的服务请求。

企业应用云迁移与部署模型既满足了用户满意度最大化，又满足了云数据中心成本最小化的目标，为企业实现了应用在云中的部署优化。该云资源分配模型避免了资源分配不公平现象，每个应用组件获得的物理资源大小仅取决于用户为每个应用程序迁移愿意而支付的费用。当云数据中心接收规模较大的企业应用集，利用该模型能够快速完成迁移任务，并且为企业应用集分配最优的资源量。企业服务的云迁移越来越普遍，一个高效解决云资源分配的模型非常重要，因此这里提出的云迁移效用优化与资源分配模型可以有效解决各种规模大小的应用集迁移，完成云资源分配任务，但是也需要不断的改进，以适应云迁移过程中突发的各种问题。

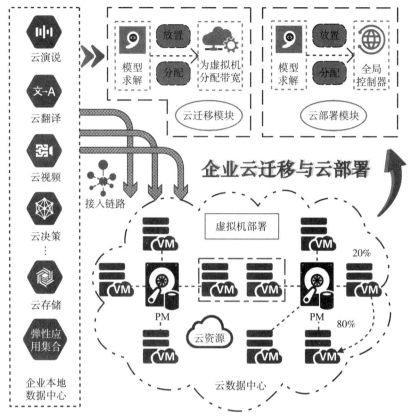

图6-3 企业弹性应用云迁移模型具体应用场景

资料来源：张悦. 企业弹性应用云迁移的资源分配优化模型与算法研究［D］. 秦皇岛：燕山大学，2020.

6.4.2 企业应用云迁移仿真与实验

搭建企业应用的云迁移与部署场景。假设企业用户有3个应用程序，包含了8个组件，应用1有2个组件，应用2有4个组件，应用3有2个组件。假设云数据中心有3台物理机来承载该企业应用的虚拟机，其中物理机1有2台可供使用的虚拟机，物理机2有4台可供使用的虚拟机，物理机3有2台可供使用的虚拟机。云数据中心的每台物理机都拥有一个单独的接入链路，用于实现企业应用程序迁移部署进云。在该场景下，每个应用程序单独占用一台物理机。具体场景如图6-4所示。

图 6-4 企业应用的云迁移与部署场景示例

资料来源：Li S, Zhang Y, Sun W. Optimal Resource Allocation Model and Algorithm for Elastic Enterprise Applications Migration to the Cloud [J]. Mathematics, 2019, 7 (10): 909.

考虑企业应用云迁移的带宽资源分配，假设云数据中心接入链路的带宽容量为 $C = (C_1, C_2, C_3) = (10, 10, 10)$ Gbps，算法中迭代步长为 $\kappa = 0.1$、$\tau = 0.1$，需迁移的企业应用负载为 $D = (D_1, D_2, D_3) = (10, 10, 10)$ G。链路上为每个组件分配的初始资源为 0.5 Gbps。利用算法（6-15）至算法（6-21）得到应用 1、应用 2 和应用 3 的组件的最优带宽资源分配，同时利用非线性规划软件 LINGO 求解该资源分配问题得到的最优解（见表 6-2）。可以发现该算法是收敛的，平衡点就是该模型的最优解，且每个应用占用的总带宽资源是确定而且唯一的，这与定理 6.1 阐述的内容是一致的。

表 6-2   企业应用云迁移的最优带宽资源分配   单位：Gbps

变量	x_{11}^1	x_{12}^1	x_{21}^2	x_{22}^2	x_{23}^2	x_{24}^2	x_{31}^3	x_{32}^3
算法	5.00	5.00	2.50	2.50	2.50	2.50	5.00	5.00
LINGO	5.00	5.00	2.50	2.50	2.50	2.50	5.00	5.00

资料来源：Li S, Zhang Y, Sun W. Optimal Resource Allocation Model and Algorithm for Elastic Enterprise Applications Migration to the Cloud [J]. Mathematics, 2019, 7 (10): 909.

算法（6-15）至算法（6-21）的仿真结果如图 6-5 所示，其中，（a）图表示各个应用程序迁移至云数据中心时所获得的总带宽资源；（b）图表示各个企业应用程序迁移至云数据中心的总时间；（c）图和（d）图分别是企业用户为其迁移进云的应用而支付的链路资源价格及链路收取的价格。

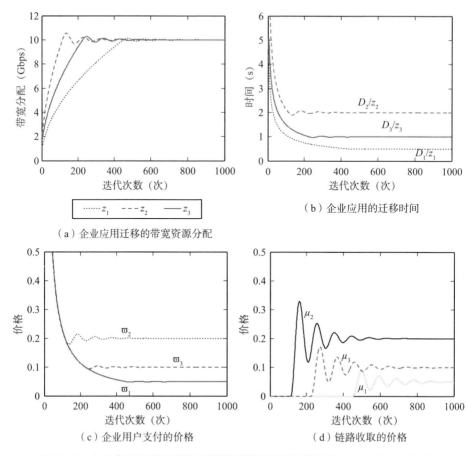

（a）企业应用迁移的带宽资源分配

（b）企业应用的迁移时间

（c）企业用户支付的价格

（d）链路收取的价格

图 6 - 5　企业应用程序迁移进云的带宽资源分配仿真结果（$\kappa = 0.1$，$\tau = 0.1$）

资料来源：Li S，Zhang Y，Sun W. Optimal Resource Allocation Model and Algorithm for Elastic Enterprise Applications Migration to the Cloud ［J］. Mathematics，2019，7（10）：909.

从图 6 - 5 中可以看出：（a）图中企业应用 1、应用 2、应用 3 得到的带宽资源分配在有限的迭代次数内各自收敛到固定数值，而这就是为它们分配的最优带宽资源量，云数据中心可以根据计算出的结果为应用程序的组件分配相关的带宽资源；（b）图代表各个应用程序迁移至云端的总迁移时间，迁移时间能够衡量企业用户上云的满意度；（c）图和（d）图分别是这三个应用迁移进云时企业用户支付的价格和各个链路收取的价格，可以看出价格在有限的迭代次数内收敛到稳定值，这个价格是企业用户与云资源提供商都能接受的价格，云资源提供商能够保证自身的收益，同时企业用户也能接受将本地应用程序迁移至云端而支出的费用。通过仿真结果还可以发现，该算法逐渐收敛到稳定状态，在有限的迭代次数内得到了最优带宽资源分配，而此时云数据中心接入链路的利用率约为 100%。

现在分析企业应用云迁移的带宽资源分配算法的收敛速度。此时的仿真环境与上一个场景相同，只是选择了不同的参数。例如，选择较大的步长 $\kappa = 0.4$、$\tau = 0.6$，并在图 6-6 中描述了算法的性能结果，如（b）图是该迭代步长时算法得到的各个应用的总迁移时间，可以看出迭代步长不会影响算法的最终收敛值，但是会影响算法的收敛速度，迭代步长越大收敛速度越快。

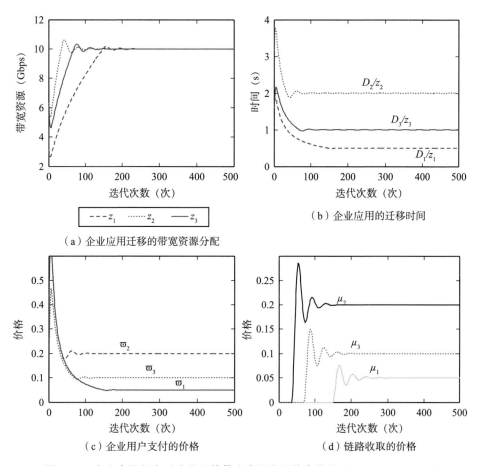

（a）企业应用迁移的带宽资源分配

（b）企业应用的迁移时间

（c）企业用户支付的价格

（d）链路收取的价格

图 6-6　企业应用程序迁移进云的带宽资源分配仿真结果（$\kappa = 0.4$，$\tau = 0.6$）

资料来源：Li S, Zhang Y, Sun W. Optimal Resource Allocation Model and Algorithm for Elastic Enterprise Applications Migration to the Cloud [J]. Mathematics, 2019, 7（10）：909.

其实，我们也分析了其他类似场景，发现最优目标值基本上都是在相近的迭代次数内收敛得到的，不过随着迭代步长的增大，收敛速度明显提高。实际上，企业应用云迁移的带宽资源分配算法是一种基于梯度的方案。收敛速度主要取决于算法的参数比如迭代步长，而不是应用程序的工作负载或云数据中心接入链路的容量。一般来说，算法中使用的步长应该足够小以保证收敛，但也不能太小以至于算法收敛变得非常慢。同时，步长也不应该太大，以至于算法可能在最优点附近振荡。因此，选择合适的迭代步长就变得非常有必要，以确保算法能够在有限迭代次数内收敛到最优点。

第7章 企业弹性应用云部署与
云中心资源管理

企业应用云迁移部署的第二阶段就是应用程序迁移至云端后在云中的部署阶段，即企业应用云部署与云数据中心的资源管理。为此，本章考虑企业弹性应用云部署问题，建立其资源分配模型并设计相关算法。给弹性应用程序分配的物理资源过多会造成资源的利用率低，同时用户还会承担额外的费用支出；给弹性应用程序划分的资源过少，则部署进云后的弹性应用程序不能很好地响应用户的服务请求，同时也会降低企业用户的满意度，云数据中心的经济收入也会减少。所以云部署过程中合理的物理资源分配算法尤为重要。

7.1 企业弹性应用云部署背景介绍

7.1.1 企业弹性应用云部署相关成果

目前，已经有关于云部署过程中资源分配算法的相关研究成果（Li，Zhang，Sun，2019；Li and Sun，2021；Li，Liu，Li，2023）。企业除了完成将其应用迁移至云的任务外，还需保障迁移进云后的服务质量。例如，企业将应用程序迁移进云后，最大限度地提高为企业用户带来的迁移效用，并同时将运营成本降至最低。云资源提供商旨在确保企业应用程序的服务质量，提高企业用户的满意度。中小企业作为云数据中心的主要服务用户，关心如何提高服务质量。研究人员提出了多种云资源分配算法来确保服务质量。我们从企业用户体验的角度考虑企业用户在将应用程序部署到云中时的资源分配，企业用户体验可以建模为应用程序的云迁移部署效用。同时，还从云资源提供商的角度考虑云数据中心在云中托管应用程序时的运营成本，这被定义为迁移部署成本函数。然后，提出了将应用程序（包括弹性应用程序、非弹性应用程序）部署到云中的资源分配优化模型。

弹性和非弹性应用的资源分配首次在 IP 网络中讨论，之后在多路径网络资源分配（Li et al.，2015）、数据中心的虚拟机最优放置（Song et al.，2014）以及将应用程序迁移和部署到云中（Li et al.，2019；Li and Sun，2021）讨论到。通常，根据效用函数的不同形状将应用程序分为两种类型。一种是弹性应用，另一种是非弹性应用。弹性应用程序主要称为传统数据应用程序，例如 Web 应用程序和文件传输应用程序。非弹性应用总是与多媒体视频和音频应用相关，例如对等网络多方会议的应用。在企业将应用程序 s 部署到云中并从云服务提供商的物理机接收到一定数量的资源后，企业用户将从该应用程序获得一定的云部署效用函数 $U_s(\cdot)$。弹性应用程序的部署效用通常具有递增的、连续可微的曲线，该曲线随着所提供资源的增加而具有边际效用递减的特点。然后，弹性应用的效用函数被建模为凹函数，并且对数形式的函数通常被用于描述这一特性。与弹性应用程序相反，非弹性应用程序通常对获得的资源非常敏感，并且通常需要一定量的资源来支持其所需的服务质量，否则，如果获得的资源低于某个阈值，效用将急剧下降。通常部署进云的非弹性应用具有 S 型效用函数，也就是说，该函数存在一个拐点，在资源分配较低时函数是凸函数，而在资源分配较高时函数是凹函数。考虑到将企业应用程序迁移部署到云中的资源分配，李世勇等（Li et al.，2019）只考虑弹性应用程序迁移和部署，而不考虑非弹性应用程序甚至多类应用程序。事实上，企业可以同时支持弹性和非弹性应用程序，因为它们总是共存而且难以分割的。因此，李世勇等（Li et al.，2023）还研究了如何将多类企业应用程序迁移和部署到云中，并进一步提出了企业应用迁移和部署进云的框架。

7.1.2　企业弹性应用部署效用函数与云数据中心成本函数

效用函数通常被用来指应用程序、系统性能或用户满意度，它在很大程度上取决于任务和资源的数量。在本书中，迁移进云端的应用程序为企业用户带来的效用，通过应用程序占用的云计算资源量来衡量，包括 CPU 资源、存储资源、内存资源等。应用程序的效用函数有多种形式，大致可以分为两类，弹性应用效用函数和非弹性应用效用函数（Li et al.，2015，2016）。弹性应用的效用函数是凹函数，而非弹性应用的效用函数通常是 S 型函数、分段函数，有时甚至是一般形式函数。这里，研究的是企业弹性应用迁移部署进云，涉及的效用函数都是凹函数。应用 s 迁移进云后为用户带来的效用可以用函数 $U_s(\cdot)$ 来表示，通过获得一定数量的资源来量化用户感知满意度。每一个应用的效用函数仅依赖于该应用所有组件所占用的物理机资源 y_s。

云资源提供商在为用户提供服务的同时，还需要考虑成本效益问题。迁移部署进云端的企业弹性应用在部署过程中会占用不同类型的资源，云资源提供商会承担一定的运营成本。云数据中心每种资源都有使用价格，通过用户使用的总资源量可以计算出云资源提供商总的成本，所以云资源提供商为迁移至云端的应用程序分配资源时承担的成本可以用函数 $E_s(\cdot)$ 来表示，通过获得一定数量的资源来量化成本，这里考虑云数据中心的成本函数依赖应用所有组件所占用的物理机资源 y_s。

本章中使用到的符号见表 7 - 1。

表 7 - 1　　　　　　　　　　　　　符号列表

符号	说明
P	物理机的集合，每个元素为物理机 p
$R(s)$	应用程序 s 的组件的集合
$S(p)$	使用物理机 p 的应用程序的集合
$P(r)$	承载组件 r 的物理机的集合
x_{sr}^p	应用程序 s 的组件 r 从物理机 p 获取的物理资源
y_s	应用程序 s 的总物理资源
C_p	物理机 p 的资源容量
D_s	应用程序 s 的负载

7.2 企业弹性应用云部署资源分配模型

7.2.1 云部署资源分配模型描述

弹性应用程序是由多个组件组成的，在云数据中心部署应用程序，就是为弹性应用程序划分具体的物理资源，所以在弹性应用程序云部署阶段为组成弹性应用程序的组件划分具体的物理资源量。给弹性应用程序的组件分配的物理资源过多会造成资源的利用率低，同时用户还会承担额外的费用支出；给弹性应用程序组件划分的资源过少，则迁移至云端后的弹性应用程序不能很好地响应用户的服务请求，同时也会降低企业用户的满意度，云数据中心的经济收入也会减少。在企业弹性应用云部署的资源分配中，要达到的目标是最大化迁移进云的应用为用户带来的效用，同时最小化云资源提供商承担的成本。所以企业弹性应用的云迁移部署，是将组成应用的组件 $r \in R$ 分别迁移并部署进云数据中心的物理机中，所以每个应用 $s \in S$ 占用的总资源 y_s 满足 $y_s = \sum_{r \in R(s)} \sum_{p \in P(s)} x_{sr}^p$，同时，每台物理机 $p \in P$ 的资源容量是有限的，因此每台物理机承载的组件所占用的资源不应超过其最大的实际计算能力，即满足不等式 $\sum_{s \in S(p)} \sum_{r \in R(s)} x_{sr}^p \leq \beta_p C_P$，其中 $0 < \beta_p < 1$ 为物理机资源阈值参数，即物理机 p 预留资源 $(1 - \beta_p)$ C_P 用于物理机的管理开销，如物理机上的虚拟机整合与管理等。因此，企业弹性应用迁移部署进云的资源分配问题，可以视为企业弹性应用云迁移用户效用最大化、同时云资源提供商承担的成本最小化问题，见式（7-1）：

$$\max \sum_{s \in S} \left(U_s(y_s) - E_s(y_s) \right)$$

$$\text{subject to} \quad \sum_{r \in R(s)} \sum_{p \in P(s)} x_{sr}^p = y_s, \ \forall s \in S$$

$$\sum_{s \in S(p)} \sum_{r \in R(s)} x_{sr}^p \leq \beta_p C_p, \quad \forall p \in P$$

$$\text{over} \qquad x_{sr}^{\min} \leq x_{sr}^p \leq x_{sr}^{\max}, \ s \in S, \ p \in P, \ r \in R \qquad (7-1)$$

用户满意度最大化、同时满足云资源提供商的成本最小化，这两方面都依赖于该应用程序所占用的总资源 y_s。因此，云部署的资源分配问题（7-1）

是所有应用所占用总资源 y_s 实现的云数据中心资源分配问题。

当选取企业弹性应用程序具体的云迁移部署效用函数，云数据中心选取具体形式的成本函数时，由凸规划理论（Bertsekas，2003）可以得到，云部署的资源分配问题（7－1）的目标函数关于原变量 $y=(y_s,\ s\in S)$ 是严格的凹函数，而关于变量 $x=(x^p_{sr},\ s\in S,\ p\in P,\ r\in R)$ 是凹函数但不是严格的凹函数，因此得到定理 7.1。

定理 7.1　企业弹性应用云部署的资源分配模型（7－1）是一个凸规划问题，每个应用的各个组件占用的最优资源 $x^*=(x^{p*}_{sr},\ s\in S,\ p\in P,\ r\in R)$ 存在但不一定唯一，而每个应用 s 占用的总资源 $y^*=(y^*_s,\ s\in S)$ 存在并且是唯一的。

7.2.2　云部署资源分配模型分析

为了得到企业弹性应用云部署资源分配模型（7－1）的最优解，引入拉格朗日函数：

$$L(x,\ y;\ \lambda,\ \mu)=\sum_{s\in S}(U_s(y_s)-E_s(y_s))$$
$$+\sum_{s\in S}\lambda_s(\sum_{r\in R(s)}\sum_{p\in P(s)}x^p_{sr}-y_s)+\sum_{p\in P}\mu_p(\beta_pC_p-\sum_{s\in S(p)}\sum_{r\in R(s)}x^p_{sr}-\delta^2_p)$$

$$(7-2)$$

其中，$\lambda=(\lambda_s,\ s\in S)$，$\mu=(\mu_p,\ p\in P)$ 是拉格朗日乘子，δ^2_p 是松弛因子。λ_s 可以理解为用户将弹性应用 s 迁移部署进云时支付的价格，μ_p 可以理解为物理机 p 对使用其资源的弹性应用的企业用户收取的价格。$\sum_{s\in S(p)}\sum_{r\in R(s)}x^p_{sr}$ 是弹性应用 s 的组件已占用物理机 p 的资源，而 $\delta^2_p\geqslant0$ 可以理解为是物理机 p 上的剩余可用资源。

将上述拉格朗日函数进行变形后，可以写成：

$$L(x,\ y;\ \lambda,\ \mu)=\sum_{s\in S}(U_s(y_s)-E_s(y_s)-\lambda_sy_s)$$
$$+\sum_{s\in S}\sum_{p\in P(s)}\sum_{r\in R(s)}x^p_{sr}(\lambda_s-\mu_p)+\sum_{p\in P}\mu_p(\beta_pC_p-\delta^2_p)$$

$$(7-3)$$

企业弹性应用云部署资源分配模型（7－1）的对偶问题的目标函数是：

$$D(\lambda, \mu) = \max_{x,y} L(x, y; \lambda, \mu)$$

$$= \sum_{s \in S} A_s(\lambda_s) + \sum_{s \in S} \sum_{p \in P(s)} \sum_{r \in R(s)} B_s(\lambda_s, \mu_p) + \sum_{p \in P} \mu_p(\beta_p C_p - \delta_p^2)$$

$$(7-4)$$

其中,

$$A_s(\lambda_s) = \max_{y_s}(U_s(y_s) - E_s(y_s) - \lambda_s y_s) \qquad (7-5)$$

$$B_{sp}(\lambda_s, \mu_p) = \max_{x_{sr}^p}(x_{sr}^{p*}(\lambda_s - \mu_p)) \qquad (7-6)$$

所以,企业弹性应用云部署资源分配模型 (7-1) 的最优物理机资源分配可以表示为:

$$y_s^*(\lambda_s) = \underset{y_s}{\operatorname{argmax}}(U_s(y_s) - E_s(y_s) - \lambda_s y_s) \qquad (7-7)$$

$$x_{sr}^{p*}(\mu_p) = \underset{x_{sr}^p}{\operatorname{argmax}}(x_{sr}^p(\lambda_s)(\lambda_s - \mu_p)) \qquad (7-8)$$

其中, $\sum_{p \in P(s)} x_{sr}^p(\lambda_s) = y_s^*(\lambda_s)$。

可以从经济学的角度解释子问题 (7-7) 与子问题 (7-8),其中子问题 (7-7) 可以视为企业用户和云资源提供商系统问题。企业用户都想使自己应用的云部署效用达到最大,而效用依赖组成应用程序的组件占用的物理机的总的资源 y_s,用户在迁移应用程序的组件时,要支付给云资源提供商费用以获得云资源。云资源提供商在满足提供企业用户一定云资源的情况下,最小化本地所消耗的成本。因为 λ_s 表示用户支付每单位云资源的价格,那么 $U_s(y_s) - \lambda_s y_s$ 就是企业用户将应用程序迁移至云数据中心获得的收益,$E_s(y_s)$ 就是云资源提供商为每个应用所消耗的总成本。所以子问题 (7-7) 既满足了最大化用户应用部署进云后的效用,又满足了最小化云资源提供商承担的成本。

子问题 (7-8) 是云数据中心收益问题,$\lambda_s x_{sr}^p$ 是企业用户将应用程序 s 的组件 r 部署进云、获取云资源时需支付给云资源提供商的费用,μ_p 是物理机向企业用户收取应用程序占用它单位资源的价格,$\mu_p x_{sr}^p$ 就是物理机 p 为应用程序 s 的组件 r 提供云资源而收取的费用。因此,子问题 (7-8) 是一个线性优化问题,目标是每一个云资源提供商都想最大化自己的收益。

企业弹性应用云部署分配模型 (7-1) 的对偶问题为:

$$\min D(\lambda, \mu) \qquad (7-9)$$

$$\text{over } \lambda_s \geqslant 0, \mu_p \geqslant 0, s \in S, p \in P$$

假设弹性应用云部署资源分配模型（7 - 1）与对偶问题（7 - 9）的最优解是（x^*，y^*，μ^*，λ^*），通过分析用户支付的价格与物理机收取的价格，可以得到定理 7.2。

定理 7.2　在企业弹性应用云部署资源分配模型（7 - 1）中，选取弹性应用程序的部署效用函数与云数据中心的成本函数，假设应用 s 的组件迁移至两台物理机 p_1 和 p_2，在云部署资源分配模型中的最优点处，若占用该两台物理机的资源不为零，则该应用迁移至两台物理机支付的价格是相同的，即若 $x_{sr}^{p_1*} > 0$，$x_{sr}^{p_2*} > 0$，其中 p_1，$p_2 \in P(s)$，$\mu_{p_1}^* = \mu_{p_2}^* = \lambda_s^*$。

证明：企业弹性应用部署进云的效用函数是凹函数，而云资源提供商的成本函数是凸函数，因此企业弹性应用云部署资源分配模型（7 - 1）是凸优化问题，在该模型的最优资源分配点处，根据 KKT 条件，下列式子成立：

$$U_s'(y_s^*) - \lambda_s^* - E_s'(y_s^*) = 0，若 y_s^* > 0，\forall s \in S \qquad (7 - 10)$$

$$\lambda_s^* - \mu_p^* = 0，若 x_{sr}^{p*} > 0，\forall s \in S，\forall p \in P(s)，\forall r \in R \qquad (7 - 11)$$

式（7 - 10）与式（7 - 11）是弹性应用云部署资源分配问题（7 - 1）存在最优解的必要条件。因此，一个应用的多个组件迁移到不同的物理机 p_1，$p_2 \in P(s)$，若 $x_{sr}^{p_1*} > 0$，$x_{sr}^{p_2*} > 0$，则一定有：

$$\mu_p^* = \lambda_s^* = U_s'(y_s) - E_s'(y_s) \qquad (7 - 12)$$

证毕。

由式（7 - 12）可以得到，应用程序 s 得到的最优资源分配为：

$$y_s^* = \psi(\mu_p) \qquad (7 - 13)$$

7.2.3　云部署最优资源分配

云数据中心每台物理机的资源都是有限的，从云资源提供商的角度考虑，尽量提高每一台物理机的资源利用率以便降低云部署能耗和运行成本等。在云部署资源分配模型（7 - 1）中，δ_p^2 表示物理机剩余的资源。根据 KKT 条件，当 $\delta_p^2 = 0$，则该物理机对应的资源约束是积极约束；当 $\delta_p^2 > 0$ 时，该物理机对应的资源约束为非积极约束。在后面分析中，不妨假设所有物理机均满足 $\delta_p^2 = 0$，否则，可以将非积极约束省略而仅考虑积极约束。由此，式（7 - 2）可变形为：

$$\bar{L}(x;\mu) = \sum_{s \in S}\left(U_s\left(\sum_{r \in R(s)}\sum_{p \in P(s)}x_{sr}^p\right) - E_s\left(\sum_{r \in R(s)}\sum_{p \in P(s)}x_{sr}^p\right)\right)$$
$$+ \sum_{p \in P}\mu_p\left(\beta_p C_P - \sum_{s \in S(p)}\sum_{r \in R(s)}x_{sr}^p\right) \qquad (7-14)$$

因为 $\mu_{p_1} = \mu_{p_2} = \mu$，也就是说云数据中心的物理机向应用程序 $s \in S$ 收取的价格是相同的，式（7 – 14）可以变形为：

$$\bar{L}(x;\mu) = \sum_{s \in S}\left(U_s\left(\sum_{r \in R(s)}\sum_{p \in P(s)}x_{sr}^p\right) - E_s\left(\sum_{r \in R(s)}\sum_{p \in P(s)}x_{sr}^p\right) - \mu\sum_{r \in R(s)}\sum_{p \in P(s)}x_{sr}^p\right) + \mu\sum_{p \in P}\beta_p C_P$$

$$= \sum_{s \in S}\left(U_s(\psi(\mu)) - E_s(\psi(\mu)) - \mu\psi(\mu)\right) + \mu\sum_{p \in P}\beta_p C_P \qquad (7-15)$$

令 $\partial \bar{L}(x;\mu)/\partial\mu = 0$，可以得到：

$$\sum_{s \in S}\frac{\partial\psi(\mu)}{\partial\mu}\left[\frac{\partial E_s(\psi(\mu))}{\partial\psi(\mu)} - \frac{\partial U_s(\psi(\mu))}{\partial\psi(\mu)} + \mu\right] + \psi(\mu) = \sum_{p \in P}\beta_p C_p$$

这里，对弹性应用，选取如下的具体效用函数（Li et al., 2015；Li, Liu, Li, 2023）：

$$U_s(y_s) = w_s\log(y_s + 1) \qquad (7-16)$$

其中，w_s 是企业用户为了将该应用程序迁移部署进云并获得一定的云资源而愿意提供的支付费用。

云数据中心运行成本是关于资源价格和资源数量的函数，一般认为云数据中心运行成本与资源数量成正比（Li, Zhang, Sun, 2019）。可以说，在企业弹性应用部署进云的资源分配模型中，企业用户将应用程序迁移并部署至云端，云资源提供商承担的成本与应用程序占用的云资源数量成正比例关系，所以成本函数可以写成：

$$E_s(y_s) = \sigma y_s + \chi \qquad (7-17)$$

其中，σ 表示应用程序占用单位资源时云资源提供商承担的成本，χ 表示云资源提供商为了维护云数据中心正常运营而承担的固定成本。

进而，式（7 – 12）可以写成：

$$\mu_p^* = \lambda_s^* = U_s'(y_s) - E_s'(y_s) = \frac{w_s}{y_s^* + 1} - \sigma = \frac{w_s}{1 + \sum_{r \in R(s)}\sum_{p \in P(s)}x_{sr}^{p*}} - \sigma$$

$$\qquad (7-18)$$

$$\mu = \frac{\sum_{s \in S}w_s}{|S| + \sum_{p \in P}\beta_p C_p} - \sigma, \quad y_s = \frac{w_s}{\sum_{s \in S}w_s}\left(|S| + \sum_{p \in P}\beta_p C_p\right) - 1$$

其中，$|S|$ 是所有迁移部署进云的弹性应用数量。

当企业用户将弹性应用迁移部署进云，应用程序所占用总的最优云资源取决于应用程序的数量、云数据中心物理机的资源总量和用户愿意提供的支付占总支付的比例，并且应用程序占用的总最优云资源量是唯一的。

7.3　企业弹性应用云部署资源分配算法设计

7.3.1　算法描述

为了在云数据中心得到弹性应用的组件在物理机上的最优资源分配，提出如下的资源分配算法：

$$x_{sr}^{p}(t+1) = \left(x_{sr}^{p}(t) + \phi x_{sr}^{p}(t)(\lambda_s(t) - \mu_p(t))\right)_{x_{sr}^{\min}}^{x_{sr}^{\max}} \qquad (7-19)$$

$$\lambda_s(t) = \frac{w_s}{y_s(t)+1} - \sigma \qquad (7-20)$$

$$\mu_p(t+1) = \left(\mu_p(t) + \varepsilon \frac{z_p(t) - \beta_p C_p}{\beta_p C_p}\right)_{\mu_p(t)}^{+} \qquad (7-21)$$

$$z_p(t) = \sum_{s \in S(p)} \sum_{r \in R(s)} x_{sr}^{p}(t) \qquad (7-22)$$

$$y_s(t) = \sum_{r \in R(s)} \sum_{p \in P(s)} x_{sr}^{p}(t) \qquad (7-23)$$

其中，$\phi > 0$，$\varepsilon > 0$ 是算法的迭代步长，函数 $a = (b)_c^d = \min\{d, \max\{b, c\}\}$，即若 $c > 0$，函数 $a = (b)_c^+ = b$；若 $c \leqslant 0$，$a = (b)_c^+ = \max\{0, b\}$。

在式（7-19）至式（7-23）中，云资源提供商根据式（7-22）得到每台物理机承载应用程序的多个组件所占用的云资源 $z_p(t)$，根据式（7-21）更新下一时刻应该收取用户的价格 $\mu_p(t+1)$。在此同时，根据式（7-23）计算部署进云的每个应用程序所占用的云资源 $y_s(t)$，利用式（7-20）得到用户应该支付给云资源提供商的价格 $\lambda_s(t)$。根据式（7-19）更新下一时刻应 s 的组件 r 所占用物理机 p 的资源 $x_{sr}^{p}(t+1)$。可以发现，$x_{sr}^{p}(t)$ 仅依赖于用户支付给云资源提供商的单位资源价格 λ_s 和云资源提供商收取的单位资源价格 μ_p。该算法是分布式算法，仅依赖局部信息即可完成算法的迭代。

7.3.2　算法分析

该算法是一个基于梯度方法的逐步迭代过程，由凸优化理论可知，在有限迭代次数内，算法可以收敛到平衡点，即企业弹性应用程序云部署资源分配模型的最优点。

由于企业弹性应用云部署的资源分配模型并不是严格的凸优化问题，因此云资源提供商为每个应用的组件分配的最优云资源并不是唯一的，上述提出的分布式算法可能在最优点附近是振荡的，下面提出改进算法使其收敛到其中的一个最优点。

为了消除算法在最优点处可能存在的振荡现象，现在引入一个增广变量 $\tilde{x}_{sr}^{p}(t)$，表示云资源提供商为应用程序 s 的组件 r 分配资源的最优估计，将式 (7-19) 改进为如下表达式：

$$x_{sr}^{p}(t+1)=((1-\theta)x_{sr}^{p}(t)+\theta\tilde{x}_{sr}^{p}(t)+\theta\phi x_{sr}^{p}(t)(\lambda_{s}(t)-\mu_{p}(t)))_{x_{sr}^{\min}}^{x_{sr}^{\max}}$$

$$(7-24)$$

$$\tilde{x}_{sr}^{p}(t+1)=((1-\theta)\tilde{x}_{sr}^{p}(t)+\theta x_{sr}^{p}(t))_{x_{sr}^{\min}}^{x_{sr}^{\max}} \qquad (7-25)$$

其中，θ 是改进算法中的低通滤波参数，可以通过滤波理论得到最优解，即 $x_{sr}^{p*}=\tilde{x}_{sr}^{p*}$。在不改变最优解的情况下用增广变量 $\tilde{x}_{sr}^{p}(t)$ 来消除振荡。

上述提出的资源分配算法是可以收敛的，一阶拉格朗日方法和低通滤波理论可以保证其收敛性。同时，由于资源分配模型不是严格凹的，最优资源分配不是唯一的，所以基本算法可能存在振荡现象。因此，在改进方案中采用了低通滤波方法消除了振荡现象，同时提高了收敛速度。在算法具体实施时，选择的步长大小会影响收敛速度，应该选择较小的步长以保证算法收敛，同时又不能过小，从而导致收敛速度过慢。因此，通过选择适当的步长可以在合理的时间内实现收敛。

7.3.3　算法具体实施

企业弹性应用程序云部署资源分配算法流程如图 7-1 所示。

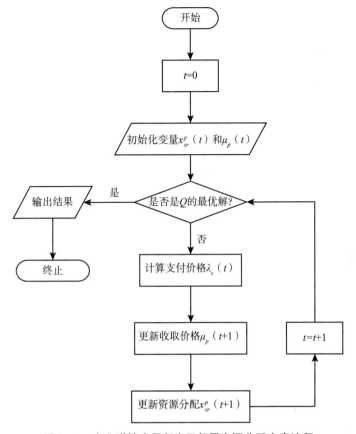

图 7 - 1　企业弹性应用程序云部署资源分配方案流程

资料来源：Li S, Zhang Y, Sun W. Optimal Resource Allocation Model and Algorithm for Elastic Enterprise Applications Migration to the Cloud ［J］. Mathematics, 2019, 7（10）: 909.

在时刻 $t = 1$，2，$\cdots$，算法在具体实施中的步骤描述如下：

（1）初始化变量和参数。选取合适的步长 φ、ε 及滤波参数 θ，初始化云资源提供商为每个应用 s 的组件 r 的资源分配 $x_{sr}^p(t)$。

（2）计算用户为应用支付的价格。用户根据式（7 - 23）计算要迁移的每个应用 s 所占用的资源 $y_s(t)$，利用式（7 - 20）得到应用支付给云资源提供商的价格 $\lambda_s(t)$。

（3）计算云数据中心物理机收取的价格。云资源提供商根据式（7 - 22）得到每台物理机承载应用程序的多个组件所占用的云资源 $z_p(t)$，根据式（7 - 21）更新下一时刻应收取的价格 $\mu_p(t + 1)$。

（4）更新云数据中心物理机为应用组件分配的资源。在时刻 $t+1$，根据式（7-24）、式（7-25）更新每台物理机 p 为每个应用的各个组件分配的资源量 $x_{sr}^p(t+1)$。

（5）设定算法终止条件。当算法达到平衡时，可以停止迭代过程，并获得云资源分配的最优值。

7.4　企业弹性应用云部署模型的进一步讨论

在上述分析中，选用的是具有一般形式的企业弹性应用部署进云的效用函数与云数据中心的成本函数，并且在分析云部署模型的最优资源时，选取了一种具体形式的效用函数与成本函数。李世勇等（Li et al., 2023）列出了不同种形式的效用函数。接下来分析采用式（7-26）、式（7-27）和式（7-28）的效用函数时，企业弹性应用云部署资源分配问题（7-1）的最优值。

$$U_s(y_s) = \begin{cases} \log(y_s+1), & if \ \alpha=1, \\ w_s \dfrac{(y_s+1)^{(1-\alpha)}-1}{1-\alpha}, & if \ \alpha>0 \ and \ \alpha \neq 1; \end{cases} \qquad (7-26)$$

$$U_s(y_s) = \frac{y_s}{y_s+h} \qquad (7-27)$$

$$U_s(y_s) = \left(\frac{y_s}{i}\right)^j, \ j \geq 1, \ i>0 \qquad (7-28)$$

当选取企业弹性应用迁移进云端的效用函数（7-26）时，式（7-18）可以写成：

$$\mu_p^* = \lambda_s^* = U_s'(y_s) - E_s'(y_s)$$

$$= \begin{cases} \dfrac{1}{y_s^*+1} - \sigma = \dfrac{1}{1+\sum\limits_{r \in R(s)}\sum\limits_{p \in P(s)} x_{sr}^{p*}} - \sigma, \ \alpha=1 \\ \dfrac{w_s}{(y_s^*+1)^\alpha} - \sigma = \dfrac{w_s}{(1+\sum\limits_{r \in R(s)}\sum\limits_{p \in P(s)} x_{sr}^{p*})^\alpha} - \sigma, \ \alpha>0 \ 且 \ \alpha \neq 1 \end{cases}$$

$$\qquad (7-29)$$

当 $\alpha=1$ 时，有：

$$\mu = \frac{|S|}{\sum\limits_{p:p \in P} \beta C_P + 1} - \sigma, \ y_s = \frac{|S|}{\sum\limits_{p:p \in P} \beta C_P + 1} - 1$$

当 $\alpha > 0$ 且 $\alpha \neq 1$ 时，有：

$$\mu = \left(\frac{\sum\limits_{s \in S} w_s}{|S| + \sum\limits_{p \in P} \beta_p C_p} \right)^{\frac{1}{\alpha}} - \sigma, \ y_s = \frac{w_s}{\sum\limits_{s \in S} w_s} (|S| + \sum\limits_{p \in P} \beta_p C_p)^{\frac{1}{\alpha}} - 1$$

当选取企业弹性应用迁移进云端的效用函数（7 - 27）时，式（7 - 18）可以写成：

$$\mu_p^* = \lambda_s^* = U_s'(y_s) - E_s'(y_s) = \frac{h}{(\sum\limits_{r \in R(s)} \sum\limits_{p \in P(s)} x_{sr}^{p*} + h)^2} - \sigma \qquad (7-30)$$

$$\mu = \frac{|S|}{\sum\limits_{p \in P} \beta C_P + 1} - \sigma, \ y_s = \frac{|S|}{\sum\limits_{p \in P} \beta C_P + 1} - 1$$

当选取企业弹性应用迁移进云端的效用函数（7 - 28）时，式（7 - 28）可以写成：

$$\mu_p^* = \lambda_s^* = U_s'(y_s) - E_s'(y_s) = \frac{j}{i} \left(\frac{\sum\limits_{r \in R(s)} \sum\limits_{p \in P(s)} x_{sr}^{p*}}{i} \right)^{j-1} \qquad (7-31)$$

选取不同形式的应用程序迁移进云的效用函数，最优解会有不同的表达形式。

7.5　企业弹性应用云部署资源分配机制性能评估

7.5.1　企业应用云部署情景描述

这里，选取图 6 - 3 情形中的企业应用云迁移和云部署场景，企业决定将其弹性应用程序迁移并部署到云数据中心，以降低自身的运营成本。企业通过接入链路访问云数据中心完成应用程序的传输与迁移。因此，云部署过程中需要为弹性应用程序的每个组件分配云中物理机资源。在部署过程中满足企业弹性应用云部署效用最大化、云数据中心运行成本最小化的目标。

这个云部署资源分配模型避免了资源分配不公平现象，每个应用组件获得的物理资源大小取决于用户为每个应用程序部署进云时愿意支付的费用。当云数据中心接收规模较大的企业应用集时，利用该模型能够快速完成云部署目标，并且为企业应用集分配最优的云数据中心资源量。企业服务的云部署越来越普遍，一个高效解决云资源分配的模型非常重要，因此本章提出的企业应用云部署模型及资源分配算法，可以解决各种规模大小的企业应用集部署进云，完成企业弹性应用部署进云的资源分配任务。

7.5.2　企业弹性应用云部署仿真与实验

搭建企业应用的云迁移与部署场景。假设企业用户有 3 个应用程序，包含了 8 个组件，应用 1 有 2 个组件，应用 2 有 4 个组件，应用 3 有 2 个组件。假设云数据中心有 3 台物理机来承载该企业应用的虚拟机，其中物理机 1 有 2 台可供使用的虚拟机，物理机 2 有 4 台可供使用的虚拟机，物理机 3 有 2 台可供使用的虚拟机。云数据中心的每台物理机都拥有一个单独的接入链路，用于实现企业应用程序迁移部署进云。在该场景下，每个应用程序单独占用一台物理机。具体场景如图 6 - 4 所示。

这里，企业应用云部署资源分配以物理机 CPU 资源为例。假设 $C = (C_1, C_2, C_3) = (1200, 2000, 1600)$ MIPS，用户将其弹性应用部署进云的支付意愿为 $w = (w_1, w_2, w_3) = (10, 14, 10)$，在提出的算法中，滤波参数 $\theta = 0.2$，步长设为 $\phi = 0.2$，$\varepsilon = 0.1$，$\sigma = 0.01$，$\beta = (0.85, 0.85, 0.85)$，初始化物理机为应用的每个组件分配的资源 $x = (x_{11}^1, x_{12}^1, x_{21}^2, x_{22}^2, x_{23}^2, x_{24}^2, x_{31}^3, x_{32}^3) = (50, 50, 50, 50, 50, 50, 50, 50)$ MIPS。

利用企业弹性应用云部署的资源分配算法（7 - 19）至算法（7 - 25），得到应用 1、应用 2、应用 3 组件的最优物理机资源分配，同时利用非线性规划软件 LINGO 求解该优化问题得到最优解（见表 7 - 2）。通过对比不难发现，该算法是收敛的，且平衡点就是企业弹性应用云部署模型的最优解。还可以看出，应用程序的每个组件占用的最优资源存在但不是唯一的，但是每个应用占用的总资源是确定而且唯一的，即 $y = (y_1^*, y_2^*, y_3^*) = (1020, 1700, 1360)$ MIPS，这与定理 7.1 所阐述的理论分析内容是一致的。

变量	x_{11}^{1*}	x_{12}^{1*}	x_{21}^{2*}	x_{22}^{2*}	x_{23}^{2*}	x_{24}^{2*}	x_{31}^{3*}	x_{32}^{3*}
算法	510.00	510.00	425.00	425.00	425.00	425.00	680.00	680.00
LINGO	510.00	540.00	425.00	425.00	425.00	425.00	680.00	680.00

表 7 - 2   企业弹性应用云部署资源分配   单位：MIPS

资料来源：Li S, Zhang Y, Sun W. Optimal Resource Allocation Model and Algorithm for Elastic Enterprise Applications Migration to the Cloud [J]. Mathematics, 2019, 7 (10): 909.

算法（7 - 19）至算法（7 - 25）的仿真结果如图 7 - 2 所示，其中（a）图是各个应用部署进云时在云数据中心得到的总资源，（b）图是各个应用的云部署效用值，（c）图和（d）图分别是企业用户为部署进云的应用而支付给物理机的价格与物理机在承载企业应用的虚拟机时而收取的价格。

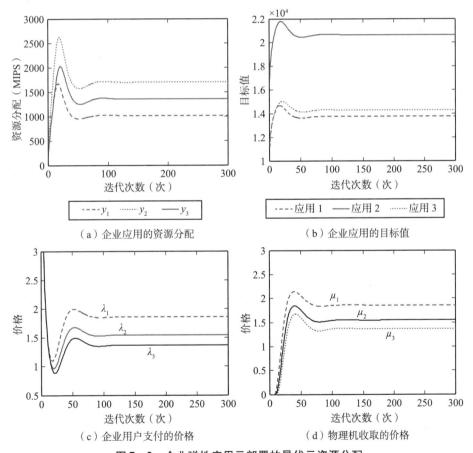

（a）企业应用的资源分配

（b）企业应用的目标值

（c）企业用户支付的价格

（d）物理机收取的价格

图 7 - 2   企业弹性应用云部署的最优云资源分配

资料来源：Li S, Zhang Y, Sun W. Optimal Resource Allocation Model and Algorithm for Elastic Enterprise Applications Migration to the Cloud [J]. Mathematics, 2019, 7 (10): 909.

从图7-2可以看出，（a）图表示企业各个弹性应用的资源分配在有限的迭代次数内收敛到固定数值，这就是为它们分配的最优云资源，云数据中心可以根据计算出的结果为应用程序的组件分配相对应数量的资源；（b）图代表部署进云的应用程序为用户带来的效用，每个应用的效用在有限的迭代次数内也收敛到稳定值，云数据中心可以根据计算结果来衡量企业用户的满意度是多少；（c）图和（d）图分别是用户为三个应用程序部署进云而支付的价格与物理机收取的价格，可以看出价格在有限的迭代内收敛在一个稳定值，这个价格是企业用户与云资源提供商都能接受的价格，云资源提供商能够保证自身的收益，同时企业用户也能接受将本地弹性应用程序部署进云而支付的价格。因此，企业应用云部署资源分配算法可以在一定的迭代次数内收敛到最优点。

7.5.3　大规模情景下企业弹性应用云部署仿真实验

上述场景是小规模企业弹性应用集迁移部署进云，接下来考虑规模较大的企业弹性应用集的云部署场景。假设云数据中心有 P 台物理机来承载企业应用的虚拟机，企业有 S 个弹性应用程序要迁移并部署进云数据中心，每个应用程序由 r 个组件组成，每个组件占用一台虚拟机，企业将本地弹性应用程序迁移并部署进云数据中心的接入链路为 l 条。规模较大的企业弹性应用程序的迁移与部署如图7-3所示。

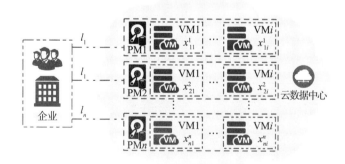

图7-3　大规模场景中的企业应用云迁移与部署

资料来源：Li S, Zhang Y, Sun W. Optimal Resource Allocation Model and Algorithm for Elastic Enterprise Applications Migration to the Cloud [J]. Mathematics, 2019, 7 (10): 909.

　　现在考虑所提出的企业应用云部署资源分配算法在不同场景中的性能，以便将大规模企业弹性应用程序合理地部署到云中。该云部署资源分配算法具有与上述小规模场景中云部署资源分配算法相同的参数，部署进云的弹性应用程序数量和云数据中心的物理机数量适当增大。图 7－4 描述了不同数量的弹性应用程序的聚合效用曲线的变化。可以发现，云数据中心的大小或规模对算法的收敛速度没有明显影响。最终的最优云部署效用目标随着应用程序或物理机的数量而增加，但在所有情况下，该最优目标值几乎都是在相同的迭代次数（如 200 次迭代）内实现的。因此，应用程序或物理机的数量不会明显地改变收敛速度。

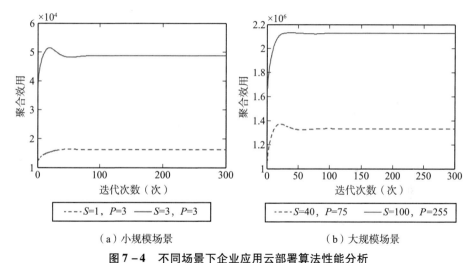

（a）小规模场景　　　　　　　　　　（b）大规模场景

图 7－4　不同场景下企业应用云部署算法性能分析

资料来源：Li S，Zhang Y，Sun W. Optimal Resource Allocation Model and Algorithm for Elastic Enterprise Applications Migration to the Cloud［J］. Mathematics，2019，7（10）：909.

　　可以发现，企业弹性应用程序的云部署规模大小对云部署资源分配算法的收敛速度没有明显影响。最终的最优目标随着应用程序或物理机的数量增加而增加。但是几乎在所有场景中，最优的云部署效用目标值基本上都是在相近的迭代次数内收敛得到的。所以，企业弹性应用云部署的资源分配算法也是一种基于梯度的算法，算法的收敛速度主要取决于算法参数例如步长，而不是需要云部署的应用程序数量或云中物理机的数量。

第8章 企业非弹性应用云部署与云中心资源管理

8.1 企业非弹性应用云部署背景描述

前面章节探讨了企业弹性应用云部署资源分配问题，利用凸优化方法分析了该问题并得到了最优云资源分配，并且利用非线性规划方法设计了基于梯度的云资源分配算法。实际上，企业可提供的应用中除了较为常见的弹性应用外，还有很大部分是非弹性应用。本章则考虑非弹性应用程序迁移部署进云的资源分配问题，这些应用程序通常对获得的资源数量非常敏感，并且通常需要一定阈值的资源来支持所需的服务质量，而当低于该资源阈值后，服务质量将会下降很大。本章考虑企业非弹性应用程序迁移部署进云问题，兼顾非弹性应用程序云部署效用函数最大化和云数据中心部署成本函数最小化的双重目标。该问题是较难处理的非凸优化问题，为此引入粒子群优化（Particle Swarm Optimization，PSO）算法，并将其应用于非弹性应用云部署的启发式资源分配方案中，以解决非弹性应用部署进云的资源分配优化问题。考虑各种应用部署场景来研究基于 PSO 方法的性能，并与基于梯度的方案和近似方法进行比较。研究发现 PSO 方法不仅可以在一定的迭代次数内为弹性应用，而且可以为非弹性应用甚至多类应用找到最优资源分配。

8.2 企业非弹性应用程序的云部署模型

8.2.1 非弹性应用程序云部署效用函数

每个应用程序都由多个组件组成，因此应用程序的所有组件都应该迁移并部署进云中，以实现应用程序的正确功能（Li，Zhang，Sun，2019；Li and Sun，2021；Li，Liu，Li，2023；Li，Li，Sun，2023）。这意味着每个应用程序 s 获得一个聚合资源 y_s，它是为其组件提供的资源的总和，即 $y_s = \sum\limits_{r \in R(s)} \sum\limits_{p \in P(r)} x_{sr}^p$，其中 x_{sr}^p 是物理机 p 为应用程序 s 的组件 r 提供的资源，$R(s)$ 是应用程序 s 的组件集，$P(r)$ 是托管组件 r 的物理机器集合。同时，每个物理机器 p 分配的资源总量取决于其自身的容量 C_p。在实际实施中，一定数量的资源被保留用于虚拟机管理，而不是提供给任何虚拟机，例如，它可以用于进一步的虚拟机迁移和集成。因此，每个物理机器 p 向企业应用程序组件提供的资源总额不应超过其自身的最大实际资源容量，即 $\sum\limits_{s \in S(p)} \sum\limits_{r \in R(s)} x_{sr}^p \leq C_p$，其中 $S(p)$ 是使用物理机 p 托管其组件的应用程序集。企业用户在收到 y_s 的资源并将该应用程序部署到云中后，将从应用程序 s 获得部署效用函数 $U_s(y_s)$。同时，当向企业应用程序提供资源 y_s 时，云中的物理机将产生运行成本 $E_s(y_s)$。更多详细信息可以参考李世勇等（2019）研究中的注释。

云计算中的企业可以通过网络提供许多应用程序（Li，Zhang，Sun，2019；Li and Sun，2021；Li，Liu，Li，2023）。根据这些应用程序的不同特点，可以将其分为两类。一类是传统的数据应用程序，例如 Web 服务、电子邮件等。用户在获得这类应用时的满意度可以用一类凹函数来描述。另一类是实时视频和音频应用，例如实时流媒体应用。用户在获得这类应用时的满意度可以用 S 型函数来描述，存在一个值使函数被分成了两段。当应用被提供的资源很少时，满意度是凸函数，而当提供的资源超过一定阈值时，满意度变成凹函数。有时，这类应用程序的满意度被描述为一个通用形式的函数。

参考李世勇等（Li et al.，2015，2016）介绍的效用函数形式及讨论的网络资源分配，并考虑企业弹性应用部署到云中的最优资源分配。那么，利用物理机提供的资源 y_s，弹性应用程序 s 的部署效用函数具有以下凹函数形式［如图 5 - 1（a）所示］：

$$U_s(y_s) = w_s \log((a_s y_s + b_s) + d_s) \tag{8-1}$$

非弹性应用程序的部署实用程序 s 具有以下 S 型函数［如图 5 - 1（b）所示］：

$$U_s(y_s) = w_s \left(\frac{1}{1 + e^{-a_s(y_s - b_s)}} + d_s \right) \qquad (8-2)$$

其中，a_s、b_s、d_s 和 w_s 是弹性或非弹性应用 s 的参数。通常，w_s 被认为是将其应用程序迁移和部署到云中的企业用户的支付意愿，a_s 和 b_s 被认为是应用程序 s 的弹性或非弹性程度。例如，参数 a_s 和 b_s 的值越大，应用程序 s 就越没有弹性，这意味着在部署到云中后，保证其性能所需的资源就越多。这里，企业弹性和非弹性应用程序的云部署效用函数都是递增的，并且关于它们的自变量不小于零，即 $U_s(y_s) \geqslant U_s(0) = 0$。

在目标函数中存在运行成本 $E_s(y_s)$，该成本通常被假设为是关于其应用程序 s 获得的资源 y_s 的凸函数。在这里，遵循云数据中心的运行成本，并选择以下凸函数：

$$E_s(y_s) = \sigma y_s + \phi \quad \text{或} \quad E_s(y_s) = \sigma y_s^2 + \phi \qquad (8-3)$$

其中，σ 是云中物理机为应用程序 s 提供单位资源时的成本，ϕ 意味着物理机维护其公共操作而形成的一定数量的固定成本。

8.2.2　非弹性应用程序云部署模型

在这里，提出企业应用程序部署进云的云资源分配模型，该模型可以表述为如下优化问题，即最大限度地提高企业应用程序在云中的部署效用，同时最小化云资源提供商的运行成本。

$$
\begin{aligned}
&\max \sum_{s \in S} \left(U_s(y_s) - E_s(y_s) \right) \\
&\text{subject to} \sum_{r \in R(s)} \sum_{p \in P(s)} x_{sr}^p = y_s, \quad \forall s \in S \\
&\qquad \sum_{s \in S(p)} \sum_{r \in R(s)} x_{sr}^p \leqslant C_p, \quad \forall p \in P \\
&\text{over} \qquad x_{sr}^{\min} \leqslant x_{sr}^p \leqslant x_{sr}^{\max}, \; s \in S, \; p \in P, \; r \in R \qquad (8-4)
\end{aligned}
$$

企业应用部署进云的云资源分配目标是在每个物理机的资源容量约束下，最大限度地提高所有企业应用的部署效用与云资源提供商在云中运行成本之差。这个优化问题中的等式约束意味着每个应用程序获得的总资源是其组件获得的云资源之和。不等式约束意味着每台物理机为企业应用分配资源时都受到其资源容量的限制。

首先，弹性应用程序云部署效用 $U_s(\cdot)$ 在其区间内是连续递增的凹函数，云数据中心的运行成本 $E_s(y_s)$ 相对于其变量是凸函数，因此，企业应用云部署的资源分配模型的目标函数相对于变量来说是凸的。那么，弹性应用程序部署进云的资源分配模型就是一个凸优化问题，可以通过基于梯度的资源分配算法来实现全局最优的云资源分配。然而，企业还有非弹性应用程序，其部署进云的效用函数是非凸的，甚至是一般的，这导致将非弹性应用程序部署进云的资源分配成为一个较难处理的非凸优化问题。

非弹性应用部署进云时，云资源分配的目标函数相对于变量来说不再是严格的凸函数，那么非弹性应用部署进云的资源分配模型（8-4）就变成了一个本质上难以解决的非凸优化问题。在这种情况下，标准的子梯度资源分配方法可能只能得到次优甚至不可行的资源分配方案。众所周知，"优化的分水岭不是线性和非线性之间的分水岭，而是凸性和非凸性之间的分水岭"。本章的主要动机是研究非弹性应用云部署资源分配优化问题，并借鉴智能优化算法提出启发式的资源分配机制。接下来将研究非弹性应用部署到进时云资源分配的非凸优化问题，并引入一种基于粒子群算法的资源分配机制来实现最优资源分配。

8.2.3　非弹性应用程序云部署资源分配算法

梯度算法经常用于求解非线性优化问题，特别是对于凸优化问题，它可以有效地收敛到最优解。针对企业弹性应用部署进云中的资源分配问题，李世勇等（Li et al., 2019）提出了基于梯度的弹性应用云部署资源分配算法，总结如下。

$$x_{sr}^{p}(t+1) = \left(x_{sr}^{p}(t) + \kappa x_{sr}^{p}(t)\left(\lambda_s(t) - \mu_p(t) \right) \right)_{x_{sr}^{\min}}^{x_{sr}^{\max}} \tag{8-5}$$

$$\lambda_s(t) = U_s'(y_s(t)) - E_s'(y_s(t)) \tag{8-6}$$

$$y_s(t) = \sum_{r \in R(s)} \sum_{p \in P(r)} x_{sr}^{p}(t) \tag{8-7}$$

$$\mu_p(t+1) = \left(\mu_p(t) + \tau \frac{z_p(t) - C_p}{C_p} \right)_{\mu_p(t)}^{+} \tag{8-8}$$

$$z_p(t) = \sum_{s \in S(p)} \sum_{r \in R(s)} x_{sr}^{p}(t) \tag{8-9}$$

其中，$\lambda_s(t)$ 被认为是企业为其应用程序 s 支付的价格，$\mu_p(t)$ 是物理机器 p 收取的价格，$\kappa > 0$、$\tau > 0$ 是算法的步长。

为了避免由于最优点不唯一而带来的算法波动问题，在上述资源分配算法机制的式（8-5）中增加辅助变量 $\tilde{x}_{sr}^p(t)$，利用低通滤波原理提出如下改进型资源分配机制。

$$x_{sr}^p(t+1) = \left((1-\theta) x_{sr}^p(t) + \theta \tilde{x}_{sr}^p(t) + \kappa\theta x_{sr}^p(t) \left(\lambda_s(t) - \mu_p(t) \right) \right)_{x_{sr}^{\min}}^{x_{sr}^{\max}}$$

$$(8-10)$$

$$\tilde{x}_{sr}^p(t+1) = \left((1-\theta) \tilde{x}_{sr}^p(t) + \theta x_{sr}^p(t) \right)_{x_{sr}^{\min}}^{x_{sr}^{\max}} \qquad (8-11)$$

非弹性应用程序部署进云时，资源分配模型成为一个较难处理的非凸优化问题。但是，近似优化方法在处理复杂的困难优化问题时是有用的。通常，它将原优化问题近似为等价优化问题（通常是凸优化问题或近似凸优化问题）。在迭代过程中，它由内部迭代和外部迭代两部分组成，并要求内部迭代收敛到近似问题的最优值。遵循近似优化方法设计，企业为其应用程序 s 支付的价格 $\lambda_s(t)$ 修改为：

$$\lambda_s(t) = \frac{\partial V_s(y_s(t), \xi_s)}{\partial y_s(t)} \qquad (8-12)$$

其中，

$$V_s(y_s(t), \xi_s) = \xi_s \log\left(\frac{U_s(y_s) - E_s(y_s)}{\xi_s} \right) \qquad (8-13)$$

$\xi_s > 0$ 用于将原优化问题近似为等价的优化问题。

接下来的分析中将进行一些数值示例，以比较基于 PSO 的资源分配方案的性能与基于梯度的资源分配算法、近似优化资源分配方法的相关性能。

8.3　基于 PSO 的企业非弹性应用程序云部署资源分配

8.3.1　PSO 方法

粒子群优化（PSO）方法源于鸟群和鱼群等社会行为现象。粒子群优化算法提供了一种基于群体的搜索过程，其中粒子在搜索时间内迭代更新其位置。在这种方法中，每个粒子与整个种群中的其他粒子交换信息，并逐渐产生对更好位置的探索。粒子群优化算法是解决非线性、不可微、高维、多最优点等复杂问题的有效方法，并已经应用到一些典型的应用领域（包括网络资源分配、电力优化、交通系统、数据挖掘、神经网络、区块链等）。目前已经有研究综述进一步总结了粒子群优化算法在解决各种优化问题中的具体应用。

在这种进化计算方法中，粒子在多维搜索空间中四处飞行。在搜索过程中，每个粒子根据自己的经验和相邻粒子的经验调整其位置，以充分利用自己和相邻粒子遇到的最优位置。粒子的群方向由与该粒子相邻的粒子集及其历史经验定义。

在搜索过程中，每个粒子都可以跟踪其在感兴趣的空间中的坐标，这些坐标与该粒子迄今为止实现的最优位置（适应度）有关，即优化问题的最佳解。这个粒子的最优位置称为 $Pbest$。还有另一个到目前为止整个粒子群最好的解决方案，它是由整个种群中的所有粒子实现的，这个全局最优位置被称为 $Gbest$。在搜索过程中，每个粒子在速度的帮助下趋向于 $Pbest$ 和 $Gbest$ 位置。同时，加速度由一个随机变量加权，该变量为朝向 $Pbest$ 和 $Gbest$ 位置的加速度生成的随机数。在这种方法中，x 和 v 总是用来表示粒子在搜索空间中的坐标（位置）及其相应的飞行速度（速度）。

在搜索过程中，将粒子 i 的位置和速度表示为 $X^{(i)} = (x_{11}^{p(i)}, \cdots, x_{1r}^{p(i)}; \cdots; x_{s1}^{p(i)}, \cdots, x_{sr}^{p(i)})$ 和 $V^{(i)} = (v_{11}^{p(i)}, \cdots, v_{1r}^{p(i)}; \cdots; v_{s1}^{p(i)}, \cdots, v_{sr}^{p(i)})$。分别设 $Pbest^{(i)} = (x_{11}^{p(iPbest)}, \cdots, x_{1r}^{p(iPbest)}; \cdots; x_{s1}^{p(iPbest)}, \cdots, x_{sr}^{p(iPbest)})$，$Gbest = (x_{11}^{p(Gbest)}, \cdots, x_{1r}^{p(Gbest)}; \cdots; x_{s1}^{p(Gbest)}, \cdots, x_{sr}^{p(Gbest)})$ 是粒子 i 的最优位置和整个粒子群的最优位置。采用传统 PSO 更新方案，并采用以下速度更新规则。

$$V^{(i)}(t+1) = \omega V^{(i)}(t) + c_1 R_1(Pbest^{(i)}(t) - X^{(i)}(t)) + c_2 R_2(Gbest(t) - X^{(i)}(t))$$

$$(8-14)$$

其中，$V^{(i)}(t)$ 表示在 t 时刻迭代时粒子 i 的速度，并且满足 $V_{\min}^{(i)} \leqslant V^{(i)}(t) \leqslant V_{\max}^{(i)}$，其中 $V_{\min}^{(i)}$ 和 $V_{\max}^{(i)}$ 表示最低和最高速度阈值，ω 表示反映先前速度影响的惯性权重因子，c_1 和 c_2 是平衡全局搜索和局部搜索的加速度常数，R_1 和 R_2 都是落在 $[0, 1]$ 中的随机值，$X^{(i)}(t)$ 表示在 t 时刻迭代时粒子 i 的当前位置，

$Pbest^{(i)}(t)$ 表示在 t 时刻迭代时粒子 i 的最优位置，$Gbest(t)$ 表示在 t 时刻迭代时所有粒子的最优位置。

同时，粒子 i 通过如下更新规则从当前位置趋向于新位置：

$$X^{(i)}(t+1) = X^{(i)}(t) + V^{(i)}(t+1) \qquad (8-15)$$

其中，$X^{(i)}(t+1)$ 是在 $t+1$ 时刻迭代时粒子 i 的当前位置。

上述粒子位置更新机制（8-15）中，飞行速度满足 $V^{(i)}(t+1) \in [V^{(i)}_{min},$ $V^{(i)}_{max}]$，即 $V^{(i)}_{min}$ 和 $V^{(i)}_{max}$ 是影响粒子 i 由当前位置向整个群体的目标位置或目标适应度移动快慢的重要因素。速度阈值改进了搜索空间的局部探索，并加速了收敛到最终全局最优位置。常数 c_1 和 c_2 是随机加速度的加权参数，随机加速度可以逐渐将每个粒子移动到 $Pbest$ 和 $Gbest$ 位置附近。惯性权重参数 ω 控制先前速度对当前速度的影响。选择合适的参数 ω 可以在全局最优位置探索和本地最优位置探索之间取得平衡。加速度常数和惯性权重因子的适当选择对保证其收敛性非常重要。

适应度函数通常用来描述整个种群中所有粒子当前位置的可行性，它用来表示当前要最大化的目标值。我们发现，非弹性应用云部署的资源分配模型被证明是一个具有不等式约束的非凸优化问题，因此可以使用罚函数方法来制定适应函数，该方法可以通过惩罚不可行解将约束优化问题转化为无约束优化问题。应用罚函数方法处理约束优化问题已成为一种常用的方法。通过将惩罚函数方法应用于基于 PSO 算法的资源分配算法设计，可以列出如下的适应度函数公式：

$$F_f = \begin{cases} f(X)，若解是可行的 \\ f(X) + h(t)H(X)，其他 \end{cases} \qquad (8-16)$$

其中，$f(X)$ 是要最大化的优化问题的目标函数；$h(t)$ 是当前 t 时刻迭代时的惩罚参数；$H(X)$ 是一个惩罚项，它是具有优化问题的不可行解的相对违反函数。在大多数实际实施中，惩罚参数 $h(t)$ 通常被选择为 $h(t) = \sqrt{t}$ 或 $h(t) = t\sqrt{t}$。

PSO 方法的收敛性能主要取决于参数，如何平衡全局搜索和局部探索成为保证在一定迭代次数内最终收敛的一个非常重要的问题。速度更新算法（8-14）体现了前一时刻速度 $V^{(i)}(t)$ 对当前速度 $V^{(i)}(t+1)$ 的影响，其中自适应惯性权重因子 ω 对速度迭代的值具有重要影响。本章采用两种自适应惯性权重因子形式。

　　第一种是刘波等（Liu et al.，2005）提出的自适应变化的惯性权重因子形式。该因子更新规则改进了石玉辉和埃伯哈特（Shi and Eberhart，1999）提出的线性变化形式的惯性权重因子形式，具有实现全局搜索和局部探索之间的权衡的优点。该自适应惯性权重因子通过粒子目标函数值调整惯性权重，这里采用该惯性权重因子的粒子群算法，标记为"PSO1"。此时 PSO1 中的惯性权重因子更新规则如下：

$$\omega = \begin{cases} \omega_{\min} + \dfrac{(\omega_{\max} - \omega_{\min})(f - f_{\min})}{f_{avg} - f_{\min}}, & 若 f < f_{avg} \\ \omega_{\max}, & 其他 \end{cases} \quad (8-17)$$

其中，$\omega_{\max}$ 和 $\omega_{\min}$ 分别表示惯性权重因子参数 ω 的最大阈值和最小阈值，f 是整个粒子群中所有粒子的当前总目标，f_{avg} 和 $f_{\min}$ 分别表示整个粒子群的平均目标和最小目标。此时的惯性权重因子参数 ω 根据整个种群中所有粒子的当前目标值而变化，因此目标值较小的粒子可以得到保护，而目标值超过平均值的粒子将被丢弃。

　　第二种是自适应惯性权重因子形式，是基于粒子群当前的收敛程度和粒子的适应度函数来调整惯性权重因子的值，该自适应惯性权重因子更新规则可以表示为：

$$\omega = \begin{cases} \omega - (\omega - \omega_{\min}) \left| \dfrac{f_i - f'_{avg}}{f_{\max} - f'_{avg}} \right|, & 若 f_i \geqslant f'_{avg} \\ \omega, & 若 f_{avg} < f_i < f'_{avg} \\ 1.5 - \dfrac{1}{1 + k_1 e^{-k_2 \Delta}}, & 若 f_i \leqslant f_{avg} \end{cases} \quad (8-18)$$

其中，f_i 是粒子 i 的当前目标值，f'_{avg} 是优于当前目标值 f_{avg} 的平均值，$f_{\max}$ 是整个粒子群的最大目标值，$\Delta = |f_{\max} - f'_{avg}|$，实际上整个粒子群通过 f_i、f_{avg} 和 f'_{avg} 分为三个子群。k_1、k_2 是控制参数，k_1 控制了 ω 的上限，k_2 与 $1.5 - 1/(1 + k_1 e^{-k_2 \Delta})$ 的调节能力有关。这里将采用上述自适应惯性权重因子的粒子群算法，标记为"PSO2"。

8.3.2　资源分配机制

　　本节应用 PSO 算法设计云部署资源分配机制，以解决非弹性应用程序部署进云的资源分配问题。事实上，所提出的资源分配机制也可以应用于弹性和（或）非弹性应用程序独立（或同时）部署进云的各种场景。该机制的细节将在以下部分进行描述。

首先介绍基于 PSO 算法的资源分配机制相应的符号，其次在基于 PSO 算法的机制中给出具体解释，以解决将非弹性应用程序部署到云中的资源分配问题。

粒子：在每次 t 时刻迭代时，粒子 i 在整个种群中的位置 $X^{(i)}(t)$，表示将应用程序部署到云中的优化问题可能的资源分配解决方案。因此，每个元素 $x_{sr}^{p(i)}(t)$ 表示在 t 时刻迭代时从物理机器 p 为应用程序 s 的组件 r 提供的资源量。在初始化过程中，位置 $x_{sr}^{p}(0)$ 落在区间 $[0, C_p]$ 中，其中 C_p 是物理机器 p 的资源容量。

速度：在每次 t 时刻迭代时，每个粒子 i 的速度 $V^{(i)}(t)$ 充当资源分配方案的辅助变量，以有效地实现最优分配。在搜索过程中，速度 $V^{(i)}(t)$ 始终落在区间 $[V_{\min}^{(i)}, V_{\max}^{(i)}]$ 中。

非弹性应用程序部署进云的资源分配问题是在各个物理机器资源容量的约束下，最大化企业应用云部署效用与云数据中心运营成本之差，根据式（8 – 16）来制定该优化问题的适应度函数如下：

$$F_f = \begin{cases} \sum\limits_{s \in S} \left(U_s \left(\sum\limits_{r \in R(s)} \sum\limits_{p \in P(s)} x_{sr}^p \right) - E_s \left(\sum\limits_{r \in R(s)} \sum\limits_{p \in P(s)} x_{sr}^p \right) \right), & \text{若 } \sum\limits_{s \in S(p)} \sum\limits_{r \in R(s)} x_{sr}^p \leqslant C_p \\ \sum\limits_{s \in S} \left(U_s \left(\sum\limits_{r \in R(s)} \sum\limits_{p \in P(s)} x_{sr}^p \right) - E_s \left(\sum\limits_{r \in R(s)} \sum\limits_{p \in P(s)} x_{sr}^p \right) \right) + \sum\limits_{p \in P} \mu_p \left(C_p - \sum\limits_{s \in S(p)} \sum\limits_{r \in R(s)} x_{sr}^p \right), & \text{其他} \end{cases}$$

$$(8 - 19)$$

其中，惩罚值 $\mu_p > 0$ 也可以解释为物理机器 p 收取的资源价格。因此，如果一个粒子的位置没有违反资源约束，则它是将非弹性应用程序部署到云中的资源分配优化问题的可行解决方案。否则，在与具有较大正价格的违规数量成比例的目标上增加额外惩罚，以迫使粒子回到可行的位置。

迭代过程可以根据上述更新规则（8 – 14）和规则（8 – 15）进行，直到最优位置不再改变，即当前迭代次数处的最优位置等于上次迭代时的最优位置。当迭代次数已经达到预定迭代次数 T 时，也可以停止上述迭代过程。因此，应用粒子群算法设计资源分配机制，目的是在适应度函数值（即资源分配优化问题的最优目标）的基础上，在速度的帮助下，实现最终的最优位置

（即将弹性和/或非弹性应用部署到云中的最优资源分配）（即辅助变量）。

　　本节提出基于粒子群算法的资源分配机制的主要实现步骤。该方案通过在辅助变量（即速度）的帮助下，跟踪云部署优化问题目标值（即适应度函数）的演变来实现最优资源分配（即粒子的最优位置）。主要步骤描述如下。

　　步骤 1：初始化变量和参数。

　　初始化粒子群大小，令迭代次数 t 为零。选择适当的 PSO 参数（ω，c_1，c_2）以确保其收敛性。在迭代 $t = 0$ 时初始化粒子 i 的位置 $X^{(i)}(t)$，它表示一组可行的资源分配，在迭代 $t = 0$ 时，初始化粒子 i 的速度 $V^{(i)}(t)$。每个粒子的初始化位置必须是云资源分配优化问题的一个可行解。

　　步骤 2：评估适应度函数。

　　通过使用资源分配优化问题（8 - 4）的适应度函数（8 - 19）来评估当前的解决方案（即在 PSO 中的位置）。也就是说，在每次 t 时刻迭代时，计算粒子 i 的当前位置 $Pbest^{(i)}(t)$，并在每次 t 时刻迭代时，评估粒子群中所有位置 $Pbest^{(i)}(t)$ 的全局最优位置 $Gbest(t)$。

　　步骤 3：计算最优位置。

　　如果粒子 i 的当前解优于以前的 $Pbest^{(i)}(t)$，则将当前值设置为 $Pbest^{(i)}(t)$。然后比较所有粒子的当前值 $Pbest^{(i)}(t)$，并选择最优值。如果它比当前的全局解决方案 $Gbest(t)$ 更好，则将其设置为 $Gbest(t)$。经过计算，所有 $Gbest(t)$ 都被视为资源分配模型的候选解决方案。然后根据更新规则在 $t + 1$ 时刻迭代时更新速度和位置。

　　步骤 4：获得最终最优值。

　　前面分析已经知道，当违反物理机的资源约束时，会向云部署资源分配优化问题的目标添加与违反量成比例的额外惩罚。当非弹性应用程序部署进云的资源分配问题的目标函数不再改变，即适应度函数达到平衡时，基于 PSO 算法的资源分配过程就完成了。最后一个 $Gbest(t)$ 被视为弹性和（或）非弹性应用程序组件部署进云的最优资源分配解决方案（即整个群体的最优位置）。

　　基于 PSO 的企业弹性和（或）非弹性应用云部署资源分配机制流程如图 8 - 1 所示。

　　基于 PSO 的资源分配机制具有许多优点：即使在不存在次梯度的情况下，它也能有效解决优化问题，并且有效地求解非线性优化问题甚至非凸优化问题。

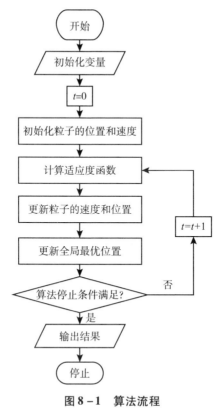

图 8 - 1　算法流程

资料来源：Li S，Li W，Sun W，et al. Nonconvex Resource Allocation for Inelastic Enterprise Applications Deployment into the Cloud via Particle Swarm Optimization ［J］. Journal of Intelligent and Fuzzy Systems，2023，44（3）：3807 - 3823.

8.4　数值仿真与分析

8.4.1　企业应用程序云部署描述

　　李世勇等（Li et al.，2019）考虑了将企业弹性应用程序部署到云中的场景，使用基于梯度的方法设计了资源分配算法并分析了算法性能。这里考虑企业将其弹性和（或）非弹性应用程序迁移并部署到云中。在云数据中心，三台物理机器用于托管和完成企业应用程序在云中的部署。在这种情况下，有三个应用程序将被部署到云中，其中应用 1 有 2 个组件、应用 2 有 4 个组件、应用3有2个组件。

如李世勇等（Li et al.，2019）所述，应用程序的组件在部署进云时应保证有一定数量的物理资源支持，如 CPU、内存和存储，以供虚拟机完成迁移和部署。这里，以 RAM 资源为例研究基于 PSO 的资源分配机制的性能。这三个物理机器具有容量 $C = (C_1, C_2, C_3) = (4, 16, 8)$ GB 的 RAM 资源。当将应用程序部署到云中时，该企业为云提供的支付意愿为 $w = (w_1, w_2, w_3) = (5, 15, 10)$。在线性的运行成本函数中，参数为 $\sigma = 0.1$ 和 $\phi = 0$。首先，将李世勇等（Li et al.，2019）提出的基于梯度的资源分配算法应用于弹性或非弹性或多类应用部署到云中的资源分配中，并将其与本章基于 PSO 算法的资源分配机制进行比较。基于梯度的企业应用云部署资源分配算法中，步长为 $\kappa = 0.2$ 和 $\tau = 0.5$，过滤参数为 $\theta = 0.2$，$\sigma = 0.1$。在本章使用 PSO 的云资源分配机制中，选择 PSO1 中的加速系数 $c_1 = c_2 = 0.2$，PSO2 中的控制参数 $c_1 = c_2 = 2$、额外惩罚参数 $\mu_p = 10^5$，以及惯性权重因子范围 $[0.4, 0.9]$，从而保证基于 PSO 算法的资源分配机制的收敛性。

选择粒子群的规模为 80，然后进一步讨论不同粒子群规模情形下资源分配算法的收敛性能。接下来，在部署到云中时考虑不同类型的应用程序，并从基于梯度和基于粒子群算法的机制获得各个应用程序的最优资源分配。

8.4.2　性能分析和讨论

1. 弹性应用程序部署

先考虑企业部署到云中的应用程序都是弹性的，此时的云部署效用函数分别为 $U_1(y_1) = 5\log(y_1 + 1)$、$U_2(y_2) = 15\log(y_2 + 1)$ 和 $U_3(y_3) = 10\log(y_3 + 1)$。表 8-1 中给出了基于梯度的算法、基于近似优化方法和基于 PSO 算法的机制获得的最优结果。基于梯度的算法和近似优化方法得到的应用程序最优资源分配都是 $y^* = (y_1^*, y_2^*, y_3^*) = (4.0000, 16.0000, 8.0000)$ GB，而基于 PSO1 得到的最优资源分配值为 $y^* = (y_1^*, y_2^*, y_3^*) = (4.0000, 15.9997, 8.0000)$ GB，基于 PSO2 得到的最优资源分配值为 $y^* = (y_1^*, y_2^*, y_3^*) = (4.0000, 13.0405, 8.0000)$ GB。

表 8-1   三个弹性应用云部署时最优资源分配   单位：GB

变量	x_{11}^{1*}	x_{12}^{1*}	x_{21}^{2*}	x_{22}^{2*}	x_{23}^{2*}	x_{24}^{2*}	x_{31}^{3*}	x_{32}^{3*}
梯度算法	2.0000	2.0000	4.0000	4.0000	4.0000	4.0000	4.0000	4.0000
近似优化	2.0001	2.0001	4.0000	4.0000	4.0000	4.0000	4.0000	4.0000
PSO1 算法	3.9951	0.0049	3.1146	2.4924	2.3935	7.9982	2.9628	5.0372
PSO2 算法	2.5748	1.4252	3.1965	1.6037	4.5433	6.6565	5.3543	2.6457

资料来源：Li S, Li W, Sun W, et al. Nonconvex Resource Allocation for Inelastic Enterprise Applications Deployment into the Cloud via Particle Swarm Optimization [J]. Journal of Intelligent and Fuzzy Systems, 2023, 44 (3): 3807-3823.

本节还给出了此情形中上述三种资源分配方案的收敛性能，并在图 8-2 中描述了目标值的变化。可以发现，所有的资源分配方案都可以在合理的迭代次数内有效地收敛到最优值。这里，弹性应用部署到云中的资源分配模型是一个凸优化问题，那么基于梯度的算法可以有效地收敛到资源分配模型的全局最优点。近似方法对于收敛到资源分配模型的全局最优也是有效的，因为近似优化问题仍然都是凸优化问题。然而，正如从图 8-2 中可以发现的那样，收敛速度比基于梯度的方案要慢得多，因为它要复杂得多，需要更多的迭代次数。同时，基于 PSO 算法的资源分配方案也可以很好地解决凸优化问题。此外，如图 8-2 所示，基于 PSO 算法的收敛速度比基于梯度的方案和近似方法都快得多，这意味着，基于 PSO 算法的方案在解决弹性应用云部署资源分配模型这样的凸优化问题方面要高效得多。

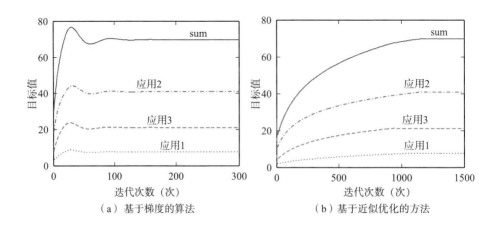

（a）基于梯度的算法   （b）基于近似优化的方法

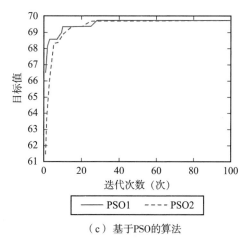

（c）基于PSO的算法

图8-2 三个弹性应用的资源分配结果

资料来源：Li S，Li W，Sun W，et al. Nonconvex Resource Allocation for Inelastic Enterprise Applications Deployment into the Cloud via Particle Swarm Optimization［J］. Journal of Intelligent and Fuzzy Systems，2023，44（3）：3807-3823.

2. 非弹性应用程序部署

现在，考虑企业部署的应用程序都是非弹性的，即企业实用程序的部署效用函数分别为 $U_1(y_1) = 5(1/(1 + e^{-(y_1-2)}) - 1/(1 + e^2))$、$U_2(y_2) = 15(1/(1 + e^{-(y_2-8)}) - 1/(1 + e^8))$、$U_3(y_3) = 10(1/(1 + e^{-(y_3-4)}) - 1/(1 + e^4))$。我们在表8-2中给出了基于梯度的算法、基于近似优化方法和基于PSO算法得到的最优资源分配结果。基于梯度的算法得到的应用程序的最优资源分配为 $y^* = (y_1^*, y_2^*, y_3^*) = (4.0000, 0.0128, 0.0924)$ GB，利用PSO1得到的最优资源分配结果为 $y^* = (y_1^*, y_2^*, y_3^*) = (4.0000, 12.9990, 8.0000)$ GB，利用PSO2得到的最优资源分配结果为 $y^* = (y_1^*, y_2^*, y_3^*) = (4.0000, 13.0405, 8.0000)$ GB。

表8-2 三个非弹性应用云部署时最优资源分配 单位：GB

变量	x_{11}^{1*}	x_{12}^{1*}	x_{21}^{2*}	x_{22}^{2*}	x_{23}^{2*}	x_{24}^{2*}	x_{31}^{3*}	x_{32}^{3*}
梯度算法	2.0000	2.0000	0.0032	0.0032	0.0032	0.0032	0.0462	0.0462
近似优化	0.0010	0.0010	0.7507	0.7507	0.7507	0.7507	0.0010	0.0010

变量	x_{11}^{1*}	x_{12}^{1*}	x_{21}^{2*}	x_{22}^{2*}	x_{23}^{2*}	x_{24}^{2*}	x_{31}^{3*}	x_{32}^{3*}
PSO1 算法	4.0000	0.0000	4.8145	0.3017	0.0163	7.8645	0.0000	8.0000
PSO2 算法	2.0000	2.0000	3.0000	7.0000	2.0000	1.0405	3.0000	5.0000

资料来源：Li S，Li W，Sun W，et al. Nonconvex Resource Allocation for Inelastic Enterprise Applications Deployment into the Cloud via Particle Swarm Optimization [J]. Journal of Intelligent and Fuzzy Systems，2023，44（3）：3807 –3823.

使用基于梯度的算法得到的最优目标值仅为 3.4146，通过近似优化方法得到的最优目标值仅为 –0.2057，但基于粒子群算法的方案获得的最优目标值均为 25.8430。这里还比较了这三种非弹性应用部署到云中时目标函数值的演变，并在图 8 –3 中描述了目标值的曲线。非弹性应用部署到云中的资源分配模型是一个较难处理的非凸优化问题，因此基于梯度的资源分配算法不能收敛到全局最优，而只能收敛到局部最优，因为该方案被困在局部最优中，无法继续找到更好的解。近似优化方法也不能有效地获得该非凸优化问题的全局最优解，因为近似优化模型依赖于参数 ξ，这不能保证近似问题一定是凸优化问题，近似问题甚至仍然是非凸最优化问题。此外，近似优化方法可以被视为一种扩展的基于梯度的方案，并且还面临与上面针对基于梯度的算法所讨论的相同问题。与基于梯度的算法和近似优化方法相比（见图 8 –3），基于 PSO 算法的资源分配机制能够有效地找到全局最优，因为它通过整个种群的粒子之间的信息交换来生成对更好位置的探索。

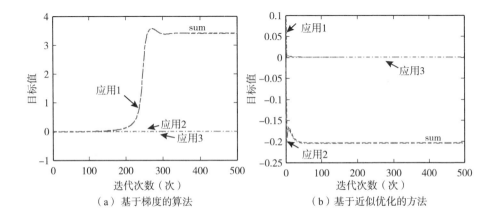

（a）基于梯度的算法　　　　　　　　（b）基于近似优化的方法

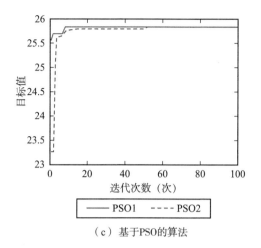

（c）基于PSO的算法

图 8 − 3　三个非弹性应用的资源分配结果

资料来源：Li S，Li W，Sun W，et al. Nonconvex Resource Allocation for Inelastic Enterprise Applications Deployment into the Cloud via Particle Swarm Optimization［J］. Journal of Intelligent and Fuzzy Systems，2023，44（3）：3807 − 3823.

3. 弹性和非弹性应用程序部署

本节考虑部署到云中企业应用既包括弹性应用也包括非弹性应用，分析此时弹性和非弹性应用程序的云资源分配，并研究基于 PSO 算法的资源分配机制的性能。

假设应用程序 1 和程序 2 是弹性的，应用程序 3 是非弹性的，部署效用函数是 $U_1(y_1) = 5\log(y_1 + 1)$、$U_2(y_2) = 15\log(y_2 + 1)$ 和 $U_3(y_3) = 10(1/(1 + e^{-(y_3-4)}) - 1/(1 + e^4))$。表 8 − 3 中给出了利用基于梯度的算法、基于近似优化方法和基于 PSO 算法获得的最优结果。利用基于梯度的算法得到应用程序的最优资源分配为 $y^* = (y_1^*, y_2^*, y_3^*) = (4.0000, 16.0000, 0.9844)$GB，利用近似优化方法获得的最优结果为 $y^* = (y_1^*, y_2^*, y_3^*) = (4.0000, 16.0000, 0.1360)$GB，利用 PSO1 得到的最优资源分配结果为 $y^* = (y_1^*, y_2^*, y_3^*) = (4.0000, 15.9999, 8.0000)$GB，利用 PSO2 得到的最优资源分配结果为 $y^* = (y_1^*, y_2^*, y_3^*) = (4.0000, 16.0000, 8.0000)$GB。基于梯度的算法得到的目标值为 48.7348，基于近似优化方法得到的目标值为 48.5575，但基于 PSO 的算法得到的最优目标值均为 57.3810。

表8-3			两个弹性应用和一个非弹性应用云部署时最优资源分配				单位：GB	
变量	x_{11}^{1*}	x_{12}^{1*}	x_{21}^{2*}	x_{22}^{2*}	x_{23}^{2*}	x_{24}^{2*}	x_{31}^{3*}	x_{32}^{3*}
梯度算法	2.0000	2.0000	4.0000	4.0000	4.0000	4.0000	0.4922	0.4922
近似优化	2.0000	2.0000	4.0000	4.0000	4.0000	4.0000	0.0680	0.0680
PSO1 算法	0.1164	3.8784	1.7357	3.9805	6.0713	4.2124	3.6470	4.3528
PSO2 算法	1.4074	2.5926	5.7043	6.9206	0.8288	2.5463	4.4940	3.5060

资料来源：Li S，Li W，Sun W，et al. Nonconvex Resource Allocation for Inelastic Enterprise Applications Deployment into the Cloud via Particle Swarm Optimization [J]. Journal of Intelligent and Fuzzy Systems，2023，44（3）：3807-3823.

　　同时，本节还比较了将两个弹性应用程序和一个非弹性应用程序部署到云中时上述三种资源分配方案的收敛性能，并在图8-4中描述了它们目标值的变化。在这种情况下，应用部署到云中的资源分配模型也是一个较难处理的非凸优化问题，那么基于梯度的资源分配方案和基于近似优化方法都可以获得弹性应用的最优资源分配，但不能有效地收敛到非弹性应用的全局最优资源分配，其中两个方案都被困在局部最优中。然而，如图8-4所示，基于PSO的算法不仅对于弹性应用，而且对于非弹性应用，都可以有效地收敛到全局最优资源分配。

　　现在考虑将一个弹性应用程序和两个非弹性应用程序部署到云中。企业应用部署进云的效用函数分别为 $U_1(y_1)=5\log(y_1+1)$、$U_2(y_2)=15(1/(1+e^{-(y_2-8)})-1/(1+e^8))$、$U_3(y_3)=10(1/(1+e^{-(y_3-4)})-1/(1+e^4))$。表8-4

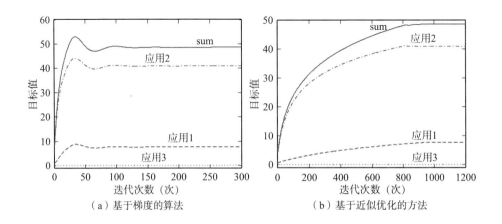

（a）基于梯度的算法　　　　　　（b）基于近似优化的方法

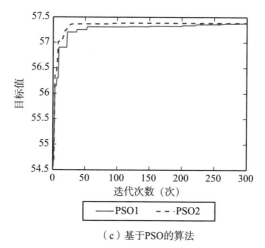

（c）基于PSO的算法

图 8 – 4 两个弹性应用和一个非弹性应用的资源分配结果

资料来源：Li S，Li W，Sun W，et al. Nonconvex Resource Allocation for Inelastic Enterprise Applications Deployment into the Cloud via Particle Swarm Optimization ［J］. Journal of Intelligent and Fuzzy Systems，2023，44（3）：3807 – 3823.

中给出了基于梯度的算法、基于近似优化方法和基于 PSO 的算法得到的最优结果。基于梯度的算法得到的每个应用程序的最优资源分配是 $y^* = (y_1^*，y_2^*，y_3^*) = (4.0000，0.0364，0.9844)$GB，利用近似优化方法得到的最优资源分配是 $y^* = (y_1^*，y_2^*，y_3^*) = (4.0008，0.1780，0.1466)$GB，利用 PSO1 得到的最优资源分配结果为 $y^* = (y_1^*，y_2^*，y_3^*) = (4.0000，12.9985，8.0000)$GB，利用 PSO2 得到的最优资源分配结果为 $y^* = (y_1^*，y_2^*，y_3^*) = (4.0000，13.1380，8.0000)$GB，基于梯度的算法得到的目标值为 7.8329，基于近似优化方法得到的目标值为 7.6496，但基于 PSO 的算法得到的最优目标值均为 30.0820。

表 8 – 4   **一个弹性应用和两个非弹性应用云部署时最优资源分配**   单位：GB

变量	x_{11}^{1*}	x_{12}^{1*}	x_{21}^{2*}	x_{22}^{2*}	x_{23}^{2*}	x_{24}^{2*}	x_{31}^{3*}	x_{32}^{3*}
梯度算法	2.0000	2.0000	0.0091	0.0091	0.0091	0.0091	0.4922	0.4922
近似优化	2.0004	2.0004	0.0445	0.0445	0.0445	0.0445	0.0733	0.0733
PSO1 算法	4.0000	0.0000	4.4691	4.0000	1.7220	3.4160	4.0000	4.0000
PSO2 算法	0.0000	4.0000	4.0000	4.0000	1.7220	3.4160	4.0000	4.0000

资料来源：Li S，Li W，Sun W，et al. Nonconvex Resource Allocation for Inelastic Enterprise Applications Deployment into the Cloud via Particle Swarm Optimization ［J］. Journal of Intelligent and Fuzzy Systems，2023，44（3）：3807 – 3823.

这里，还比较了将一个弹性应用程序和两个非弹性应用程序部署到云中的这三种方案的性能，并在图 8 - 5 中描述了它们目标值的变化。与上述场景类似，基于梯度的资源分配方案和基于近似优化的方法都不能收敛到非弹性应用的全局最优资源分配，而只能收敛到局部最优。但是，基于 PSO 的方案不仅对于弹性应用，而且对于非弹性应用，都可以有效地收敛到全局最优资源分配。

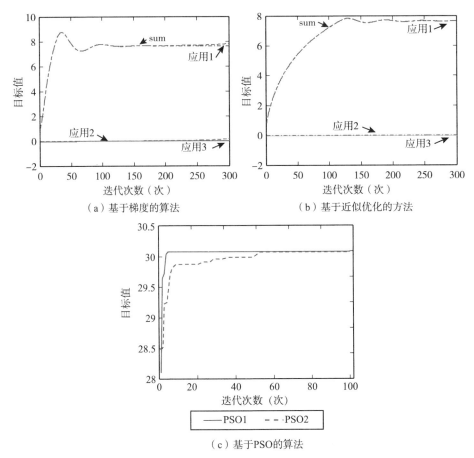

（a）基于梯度的算法　　　　　　（b）基于近似优化的方法

（c）基于 PSO 的算法

图 8 - 5　一个弹性应用和两个非弹性应用的资源分配结果

资料来源：Li S，Li W，Sun W，et al. Nonconvex Resource Allocation for Inelastic Enterprise Applications Deployment into the Cloud via Particle Swarm Optimization ［J］. Journal of Intelligent and Fuzzy Systems，2023，44（3）：3807 - 3823.

4. 收敛速度

通过上述分析可以发现，PSO1 和 PSO2 在不同的迭代次数下都可以获得相同的最优资源分配结果。因此，这里仅使用 PSO1 进行模拟资源分配机制的收敛速度，考虑将企业弹性应用部署进云，分析粒子群的规模大小对基于 PSO 的资源分配机制收敛速度有何影响。

这里考虑上述四种应用程序部署到云中的场景，选择不同数量的粒子群大小，并在图 8–6 中给出了每种资源分配方法得到的目标值变化曲线。可以发

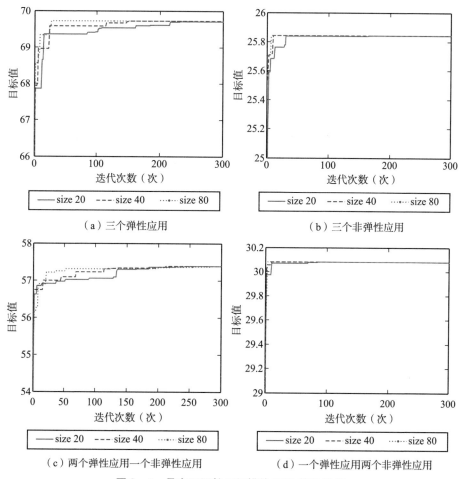

（a）三个弹性应用　　　　　　　　　（b）三个非弹性应用

（c）两个弹性应用一个非弹性应用　　（d）一个弹性应用两个非弹性应用

图 8–6　具有不同粒子规模的 PSO 算法性能

资料来源：Li S，Li W，Sun W，et al. Nonconvex Resource Allocation for Inelastic Enterprise Applications Deployment into the Cloud via Particle Swarm Optimization［J］. Journal of Intelligent and Fuzzy Systems，2023，44（3）：3807–3823.

现，在每种情况下，基于 PSO 的机制都可以在有限的迭代次数内有效地收敛到全局最优。然后，随着颗粒群规模从 20 增加到 80，该机制的收敛速度显著提高。这可以理解为，随着粒子群规模大小的增加，计算全局最优值变得更容易，因为更多的粒子协同工作，趋向于最终的全局最优值。同时，比较上述四种不同情况下的性能，不难发现，所提出的解决非弹性应用云部署的资源分配方案的收敛速度快于仅解决弹性应用云部署的资源分配方案，这表明该方案在解决非凸优化问题方面具有自己的优势。

第9章 企业多类型应用云部署与云中心资源管理

9.1 企业多类型应用云部署模型

9.1.1 多类型应用云部署背景描述

企业将本地应用程序迁移到 IaaS 云中，或者直接在云中部署新兴业务，因此，企业多类型应用云部署的资源管理就成为重要问题。

每一个应用程序都由许多组件组成，从而支持不同的服务（Li and Sun, 2021）。应用程序的集合为 I，应用程序组件的集合为 S，云资源提供商的物理机集合为 P，云资源提供商有很多物理机。每一个应用程序 $i \in I$ 的所有组件为 $S(i)$，每一个组件 j 从资源提供商的物理机 $p \in P$ 获得的资源量是 x_{ij}，每一个应用程序从云资源提供商获取的总资源是 $y_i = \sum_{j \in S(i)} x_{ij}$。云资源提供商的每台物理机 $p \in P$ 为组件提供资源的集合是 $S(p)$，应用程序 i 的组件 j 从资源提供商的物理机 p 获取资源，应该满足 $j \in S(i) \cap S(p)$。这里不区分特定类型的资源（如 CPU、存储、内存资源等）。在本章中讨论的资源可以表示为上述资源的任何一种类型，研究结果也可应用于两种特定资源场景。

9.1.2 云部署效用函数

每一个应用程序 $i \in I$ 从所提供的资源中得到一个基于边际收益递减规则的效用函数 $U_i(\cdot)$。效用函数用于通过从云资源提供商处接收一定数量的资源来量化其服务质量或应用程序的感知满意度。假设效用函数总是严格凹的，两次连续可微且有界的。它由两部分组成，第一部分与从云资源提供商接收的资源（如 CPU、内存、存储等）有关。第二部分表示由于应用程序从本地数据中心迁移到云而给企业带来的成本。例如，云资源提供商在提供资源时会发生能量消耗，因此企业必须为从云中接收到的资源付费。

这里，考虑两个不同情形下企业应用程序迁移部署进云的效用。它们的区别在于：应用程序是从其单个组件提供的资源获得的效用，还是从他们所有的组件提供的总资源获得的效用。也就是说，本章研究从资源提供商处获得一定资源后，每个应用程序的各个组件都有各自独立的云部署效用的情形。同时，还研究应用程序的云部署效用仅依赖于所有组件获得的聚合资源数量的情况。

情形一：非耦合效用函数。应用程序 i 的效用函数是可分离的。它取决于应用程序 i 的组件 $j \in S(i)$ 的分效用值。对于不同的组件，即使它们属于同一个应用程序，获得同类资源后各自收益或成本也可能不同。应用程序从云中获得资源后部署效用遵循的是边际收益递减规律，从云中获得资源后的收益由非递减可微凹函数 u_{ij} 来描述。另外，当应用程序迁移到云中并获取资源时会产生一定的部署成本，此成本由非递减可微凸函数 v_{ij} 来表示，边际成本的凸性增加了大量的资源请求。基于上述函数的特点，可以描述出此情形下云部署效用为以下非耦合函数：

$$U_i^I(x_i) = \sum_{j \in S(i)} (u_{ij}(x_{ij}) - v_{ij}(x_{ij})) \tag{9-1}$$

其中，$U_i^I(x_i)$ 关于 x_i 是可微的，而且非递减的。$U_i^I(x_i)$ 是应用程序 i 的效用，这类效用函数源于经济学理论，并在各种研究中以类似的形式被采用（Li et al.，2015，2016）。

情形二：耦合效用函数。应用程序 i 的效用函数 $U_i(\cdot)$ 只依赖于组件占用的总资源，也就是说应用程序不区分为其不同组件提供的同类资源。此外，应用程序占用的资源所产生的成本仅取决于获得的总资源量。因此，效用函数可以描述为以下耦合函数形式：

$$U_i^{II}(x_i) = u_i(\sum_{j \in S(i)} x_{ij}) - v_i(\sum_{j \in S(i)} x_{ij}) \tag{9-2}$$

其中，假设 u_i 是凹的，v_i 是凸的，类似于是情形一中效用函数的两个部分。

9.1.3　多类型应用云部署问题描述

本章目标是使企业应用程序迁移部署进云的效用（即所有应用程序的效用之和）最大化。考虑如下形式的扩展型云部署效用函数：

$$\tilde{U}_i(x_i) = \theta U_i^{II}(x_i) + (1-\theta)U_i^I(x_i)$$

$$= \theta\left(u_i\left(\sum_{j\in S(i)} x_{ij}\right) - v_i\left(\sum_{j\in S(i)} x_{ij}\right)\right) + (1-\theta)\sum_{j\in S(i)}\left(u_{ij}(x_{ij}) - v_{ij}(x_{ij})\right)$$

$$(9-3)$$

该函数整合了完全耦合和非耦合的情况，其中耦合参数 $\theta \in [0, 1]$。θ 值越大耦合性越大，当 $\theta = 1$ 时，问题是完全耦合的，即情形二；当 $\theta = 0$ 时，问题是非耦合的，即情形一。此时，可以认为云服务提供商将企业应用程序的每个组件均视为具有各自部署效用的独立子应用程序。

本章主要研究企业多类型应用云部署效用优化与资源管理问题，这里称为企业多类型应用云部署资源管理的原问题 PP，有模型（9-4）：

$$\max \sum_{i\in I} \tilde{U}_i(x_i)$$

$$\text{PP: subject to } \sum_{i\in I}\sum_{j\in S(i)} \delta_{ij}^p x_{ij} \leq C_p, \ p \in P$$

$$\text{over } x_{ij} \geq 0, \ i \in I, \ j \in S \qquad (9-4)$$

其中，C_p 表示云资源提供商物理机 p 的资源容量，如果 $p \in P(j)$，$j \in S(i)$，则 $\delta_{ij}^p = 1$，否则 $\delta_{ij}^p = 0$。也就是说，应用程序 i 的组件 j 由资源提供商的物理机 p 提供资源，则符号函数 $\delta_{ij}^p = 1$。

这个问题的目标是使迁移部署进云的多类型企业应用社会福利最大化，即在资源提供商的每个物理机资源约束前提下最大化企业应用云部署的聚合效用。由非线性规划理论（Bertsekas, 2003）可以得到定理 9.1。

定理 9.1　企业多类型应用云部署效用优化与资源分配模型（9-4）是一个凸优化问题，如果耦合参数 θ 满足 $0 \leq \theta < 1$，则应用程序的每个组件得到的最优云资源分配 x_{ij}^* 存在且唯一。

证明：企业多类型应用云部署效用优化与资源分配模型（9-4）的约束条件是线性的，即约束域是凸集。另外：

$$\frac{\partial^2 \widetilde{U}_i(x_i)}{\partial x_{ij}^2} < 0, \quad \frac{\partial^2 \widetilde{U}_i(x_i)}{\partial x_{ij} \partial x_{ik}} < 0$$

如果 $0 \le \theta < 1$，目标函数关于 x_{ij} 的海森矩阵是负定的，这就意味着目标函数关于变量 x_{ij} 是严格凹的，最优解具有唯一性。假设 $\theta = 1$，对于耦合情况海森矩阵是非正定的。目标函数关于变量 x_{ij} 不是严格凹的，最优解存在但不是唯一确定的。

下面考虑如下松弛形式的云部署效用优化问题：

$$\max V(x) = \sum_{i \in I} \widetilde{U}_i(x_i) - \sum_{p \in P} \int_0^{z_p} \phi_p(\sigma) d\sigma \qquad (9-5)$$

其中，$z_p = \sum_{i \in I} \sum_{j \in S(i)} \delta_{ij}^p x_{ij}$。

上述问题可以由企业多类型应用云部署效用优化与资源分配问题（9-4）构造而成，即将其资源提供商的物理机容量约束通过在目标中减去罚函数 $\sum_{p \in P} \int_0^{z_p} \phi_p(\sigma) d\sigma$ 而得到。当 $z_p \le C_p$ 时，罚函数将接近零，当 $z_p > C_p$ 时，罚函数将增加到无穷大。对于罚函数，具有松弛形式的优化问题（9-5）等价于具有线性资源提供商容量约束的原问题（9-4）。由于价格函数 $\phi_p(\cdot)$ 是连续递增的，因此 $\int_0^{z_p} \phi_p(\sigma) d\sigma$ 是凸函数，同时由于 $u_i(x_i)$ 是凹的，因此 $V(x)$ 也是凹的。

9.2 企业多类型应用云部署的资源管理

9.2.1 多类型应用云部署模型分析

为了分析企业多类型应用云部署效用优化与资源分配模型（9-4）的最优解，首先得到该优化问题的拉格朗日函数：

$$\begin{aligned}
L(\boldsymbol{x}, \boldsymbol{\mu}) &= \sum_{i \in I} \Big[\theta \big(u_i(\sum_{j \in S(i)} x_{ij}) - v_i(\sum_{j \in S(i)} x_{ij}) \big) + (1-\theta)\big(\sum_{j \in S(i)} (u_{ij}(x_{ij}) - v_{ij}(x_{ij})) \big) \Big] \\
&\quad + \sum_{p \in P} \mu_p \big(C_p - \sum_{i \in I} \sum_{j \in S(i)} \delta_{ij}^p x_{ij} \big) \\
&= \sum_{i \in I} \Big[\theta \big(u_i(\sum_{j \in S(i)} x_{ij}) - v_i(\sum_{j \in S(i)} x_{ij}) - \sum_{j \in S(i)} \sum_{p \in P(j)} \mu_p x_{ij} \big)
\end{aligned}$$

$$+ (1 - \theta) \left(\sum_{j \in S(i)} \sum_{p \in P(j)} \left(u_{ij}(x_{ij}) - v_{ij}(x_{ij}) \right) - \mu_p x_{ij} \right) \bigg] + \sum_{p \in P} \mu_p C_p$$

$$(9-6)$$

其中，$\mu_p \geq 0$，表示资源提供商的物理机 p 收取的价格。

对偶问题的目标函数是：

$$D(\boldsymbol{\mu}) = \max_X L(\boldsymbol{x}, \boldsymbol{\mu}) = \sum_{i \in I} \left(\theta A_i(\boldsymbol{\mu}) + (1 - \theta) \sum_{j \in S(i)} \sum_{p \in P(j)} C_{ij}(\mu_p) \right) + \sum_{p \in P} \mu_p C_p$$

$$(9-7)$$

这里有：

$$A_i(\boldsymbol{\mu}) = \max_{X_i} u_i \left(\sum_{j \in S(i)} x_{ij} \right) - v_i \left(\sum_{j \in S(i)} x_{ij} \right) - \sum_{j \in S(i)} \sum_{p \in P(j)} \mu_p x_{ij} \qquad (9-8)$$

$$C_{ij}(\mu_p) = \max_{X_{ij}} u_{ij}(x_{ij}) - v_{ij}(x_{ij}) - \mu_p x_{ij} \qquad (9-9)$$

可以从经济学的角度来解释子问题（9-8）和子问题（9-9）。对于子问题（9-8），每一个应用程序 i 最大化自身的部署效用，这取决于资源提供商为其提供的总资源 $\sum_{j \in S(i)} x_{ij}$。同时，当企业应用程序接收到一定数量的资源时，它必须为迁移部署进云的应用程序支付一定的费用。μ_p 表示资源提供商的物理机收取的单位资源价格，$\mu_p x_{ij}$ 表示企业向云资源提供商为迁移部署进云的应用程序 i 而支付的费用。因此，在优化子问题（9-8）中，每一个应用程序 i 通过从资源提供商的物理机 p 获取一定数量的资源而使自身的总利润最大化。对于优化子问题（9-9），应用程序 i 区分其各个组件的具体资源分配，每个组件获得一定数量资源后分别有自身的部署效用。因此，应用程序的每个组件在接收其资源提供商提供的资源后，最大化各自的利润。

所以，企业多类型应用云部署效用优化与资源管理问题的对偶问题为：

$$\min D(\boldsymbol{\mu}) \qquad (9-10)$$

$$\text{over } \mu_p \geq 0, \ p \in P$$

企业多类型应用云部署效用优化与资源分配模型（9-4）是在资源提供商的物理机资源约束下最大化企业应用的聚合效用，那么上述对偶问题则被建模为一个由云资源提供商定价的优化问题，即在保证部署进云的企业应用一定服务质量或服务满意度的前提下，最小化云服务的总价格。因为目标函数相对于价格变量是凸的，因此对偶问题是一个凸优化问题。令 $\tilde{U}^*$ 和 D^* 分别表示为原问题（9-4）与对偶问题（9-10）的最优目标值。约束条件都是线性的，效用函数是凹的，那么从非线性规划理论（Bertsekas，2003）得出，强对偶成立并且对偶差为零，即 $\widetilde{U}^* = D^*$。

9.2.2　耦合效用函数分离

本节的目标是设计一个迭代算法来解决企业多类型应用云部署效用优化与资源管理问题（9 - 4）。可以看出，目标函数和约束条件中存在耦合项。为了分离应用程序的耦合项，采用逐次逼近的方法来解决原问题。这种方法通常包括两个部分：内部迭代和外部迭代，并且要求内部迭代收敛到逼近问题的最优解。然后，使用基于梯度的更新算法来解决近似问题。由于 $u(\cdot)$ 是凹的且 $v(\cdot)$ 是凸的，在詹森不等式的基础上，得到一个近似于原问题（9 - 4）的耦合项表达式，于是可以得到引理 9.1。

引理 9.1　对于任何矢量 $\xi_i = (\xi_{i1}, \xi_{i2}, \cdots, \xi_{ij})$，有 $\xi_{ik} > 0$ 且 $\sum_{k \in S(i)} \xi_{ik} = 1$，下列不等式成立：

$$u_i\left(\sum_{j \in S(i)} x_{ij}\right) \geqslant \sum_{j \in S(i)} \xi_{ij} u_i\left(\frac{x_{ij}}{\xi_{ij}}\right) \qquad (9 - 11)$$

$$v_i\left(\sum_{j \in S(i)} x_{ij}\right) \leqslant \sum_{j \in S(i)} \xi_{ij} v_i\left(\frac{x_{ij}}{\xi_{ij}}\right) \qquad (9 - 12)$$

当且仅当：

$$\xi_{ij} = \frac{x_{ij}}{\sum_{j \in S(i)} x_{ij}} \qquad (9 - 13)$$

上述表达式中的等式成立。

证明：当 $\xi_{ik} > 0$ 且 $\sum_{k \in S(i)} \xi_{ik} = 1$ 时，对于任何形式的凹函数 $u(\cdot)$，詹森不等式 $u_i\left(\sum_{k \in S(i)} \xi_{ik} z_k\right) \geqslant \sum_{k \in S(i)} \xi_{ik} u_i(z_k)$ 都是成立的。

替换 $x_{ik} = \xi_{ik} z_k$，得到不等式（9 - 11）。当且仅当 $\xi_{ik} = x_{ik} / \sum_{k \in S(i)} x_{ik}$ 时，不等式（9 - 11）成立。而对于函数 v_i，通过上述分析即可以得到不等式（9 - 12）。定理得证。

通过引理 9.1，将扩展形式效用函数 $\widetilde{U}_i(x_i)$ 近似为下列近似目标效用函数：

$$\hat{U}_i(x_i,\ \xi_i)\ =\ \sum_{j\in S(i)}\left(\theta\xi_{ij}u_i\!\left(\frac{x_{ij}}{\xi_{ij}}\right)+(1-\theta)u_{ij}x_{ij}\right)-\sum_{j\in S(i)}\left(\theta\xi_{ij}v_i\!\left(\frac{x_{ij}}{\xi_{ij}}\right)+(1-\theta)v_{ij}(x_{ij})\right)$$

$$(9-14)$$

针对具有参数 ξ_i 的近似目标效用函数，构建近似效用优化问题为：

$$\max\sum_{i\in I}\hat{U}_i(x_i,\ \xi_i)$$

$$\text{AOP：subject to}\ \sum_{i\in I}\sum_{j\in S(i)}\delta_{ij}^p x_{ij}\leqslant C_p,\quad p\in P \qquad (9-15)$$

$$\text{over}\ x_{ij}\geqslant 0,\ i\in I,\ j\in S$$

类似地，也可以得到上述近似优化问题的松弛形式：

$$\max\widetilde{V}(x,\ \xi)\ =\ \sum_{i\in I}\hat{U}_i(x_i,\ \xi_i)-\sum_{p\in P}\int_0^{z_p}\phi_p(\sigma)\,d\sigma \qquad (9-16)$$

近似效用优化问题（9-15）的拉格朗日函数为：

$$\widetilde{L}(x,\ \mu)\ =\ \sum_{i\in I}\hat{U}_i(x_i,\ \xi_i)+\sum_{p\in P}\mu_p\!\left(C_p-\sum_{i\in I}\sum_{j\in S(i)}\delta_{ij}^p x_{ij}\right)$$

$$=\ \sum_{i\in I}\sum_{j\in S(i)}\left(\theta\xi_{ij}u_i\!\left(\frac{x_{ij}}{\xi_{ij}}\right)+(1-\theta)u_{ij}(x_{ij})\right)$$

$$-\ \sum_{i\in I}\sum_{j\in S(i)}\left(\theta\xi_{ij}v_i\!\left(\frac{x_{ij}}{\xi_{ij}}\right)+(1-\theta)v_{ij}(x_{ij})\right)+\sum_{p\in P}\mu_p\!\left(C_p-\sum_{i\in I}\sum_{j\in S(i)}\delta_{ij}^p x_{ij}\right)$$

$$(9-17)$$

可以发现，上述拉格朗日函数（9-17）对变量 x_{ij} 是可分离的，基于梯度形式的算法可以应用于求解近似优化问题（9-15）。当选择不同的参数 ξ_i 时，$\hat{U}_i(x_i,\ \xi_i)$ 包含了一系列近似值。给定初始值 ξ_i，近似优化问题（9-15）的解就是原问题（9-4）的次优解。在替换次优解之后，通过式（9-13）再更新 ξ_i。当有一个新的参数值 ξ_i 后，相应的新的近似优化问题便可以进一步解决。在一系列近似逼近之后，近似优化问题（9-15）的解将最终收敛到原问题（9-4）的最优解。9.2.3 节将设计一个资源分配机制，它可以收敛到原问题（9-4）的全局最优解。

9.2.3　应用云部署的资源分配方案

我们采用基于梯度的算法来求解近似优化问题（9-15），并提出下面的原-对偶算法来得到最优解，算法的迭代依赖资源提供商的局部可用资源即可。

资源提供商的每个物理机 p 用以下算法更新应用程序 i 的组件 j 占用的资源 $x_{ij}(t)$。

$$x_{ij}(t+1) = \left(x_{ij}(t) + \kappa x_{ij}(t) \left(\frac{\partial \hat{U}_i(x_i(t), \xi_i(t))}{\partial x_{ij}(t)} - \mu_p(t) \right) \right)^+, \ p \in P(j), \ j \in S(i)$$

$$(9-18)$$

这里，$\kappa > 0$ 是迭代步长，当 $a > 0$，$(a)^+ = a$，否则 $(a)^+ = 0$。

资源提供商的每个物理机 p 通过以下算法来更新其收取的价格 $\mu_p(t)$。

$$\mu_p(t+1) = \left(\mu_p(t) + \gamma \frac{z_p(t) - C_p}{C_p} \right)^+ \qquad (9-19)$$

$$z_p(t+1) = \sum_{i \in I} \sum_{j \in S(i)} x_{ij}(t), \ p \in P(j) \qquad (9-20)$$

因为 $p \in P(j)$，所以 $\delta_{ij}^p = 1$。$\gamma > 0$ 是迭代步长。

为了保证近似优化问题（9-15）在式（9-11）和式（9-12）的等式时都是精确的，且此时近似优化问题的解最终能收敛到原问题（9-4）的全局最优解，用式（9-21）更新参数值 $\xi_{ij}(t)$：

$$\xi_{ij}(t) = \frac{x_{ij}(t)}{\sum_{j \in S(i)} x_{ij}(t)} \qquad (9-21)$$

在上述的资源分配方案中，资源提供商的物理机 p 根据式（9-20）接收应用程序的组件的总资源请求 $z_p(t)$，并利用式（9-19）来更新其收取的单位资源价格 $\mu_p(t+1)$。在这里，资源价格更新方案反映了资源提供商对资源的供需关系。例如，资源提供商的物理机 p 收到的资源请求负载超过其最大计算能力 C_p，根据式（9-19）来增加资源提供商收取的价格 $\mu_p(t)$。云资源提供商的物理机 p 根据式（9-18）为应用程序 i 的组件 j 更新资源分配，从而来更新云资源提供商的物理机 p 收取的单位资源价格 $\mu_p(t+1)$。因此，资源提供商的物理机 p 采用这种机制来平衡来自组件的资源请求和自身的资源供应。通过该资源分配方案可以鼓励企业将应用程序部署至负载较低的物理机中。

通过式（9-18）至式（9-20）来求解近似优化问题（9-15），最优解仅依赖于资源提供商收取的价格 $\mu_p(t)$ 和资源提供商的物理机 p 为应用程序 i 的组件 j 提供的资源 $x_{ij}(t)$。

9.2.4 资源分配方案的收敛性

近似优化问题（9-15）由一系列近似问题组成，每个近似优化问题由一组参数 ξ_i 表示。选择适当的参数值 $\xi = (\xi_1, \xi_2, \cdots, \xi_i)$，通过资源分配方案迭代后可以得到相应近似问题的最优解。图9-1给出了企业多类型应用程序部署进云资源分配方案的伪代码。

```
1: Initialization;
2: k: = 0;
3: loop
4:     k: = k + 1;
5:         for t: = 0 to T - 1 do
6:             Each provider p updates its resource price according to (9 - 19) ~ (9 - 20);
7:             Each provider p updates its resource allocation according to (9 - 18);
8:         end for
9:     x^{k+1} (0): = x^k (T)
```

10: Each application i calculates parameter $\xi_{ij}^{k+1}(0) = \dfrac{x_{ij}^{k+1}(0)}{\sum\limits_{j \in S(i)} s_{ij}^{k+1}(0)}$;

```
11: end loop
```

图9-1 企业应用云迁移资源分配的伪代码

资料来源：Li S, Sun W. Utility Maximisation for Resource Allocation of Migrating Enterprise Applications into the Cloud [J]. Enterprise Information Systems, 2021, 15 (2)：197-229.

该资源分配方案的目标是保证近似问题最优解的精确性，即式（9-11）和式（9-12）的等式都成立。因此，更新过程实际上包括两部分：资源分配更新的内部迭代公式（9-18）至式（9-20）和具有参数 $\xi_i(t)$ 更新的外部迭代公式（9-21）。

上述算法给出了逐次逼近方法的修正模式，其中内部迭代的次数限制为 T。在该资源分配方案中，上一次外部迭代的最后一次内部迭代的值是下一次外部迭代的初始值（步骤9）。为了解决新的近似优化问题，根据上一次外部迭代的最后一次迭代的资源分配来计算 $\xi_{ij}^{k+1}(0)$（步骤10）。此时的资源分配方案流程如图9-2所示。

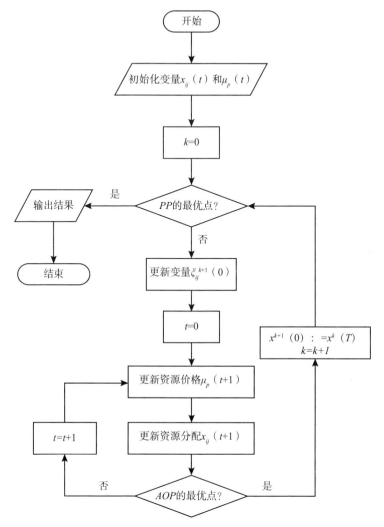

图 9 – 2　企业多类型应用云部署资源分配机制的流程

资料来源：Li S, Sun W. Utility Maximisation for Resource Allocation of Migrating Enterprise Applications into the Cloud [J]. Enterprise Information Systems, 2021, 15 (2): 197 – 229.

对于以上资源分配方案，可以得到定理 9.2。

定理 9.2　假设步长 κ，γ 足够小，则针对企业多类型应用云部署资源管理所提出的资源分配方案算法（9 – 18）至算法（9 – 20），可以收敛到原问题（9 – 4）的全局最优解。

证明： 由于效用函数（9 – 3）是凹的，且所有应用的部署效用都是连续

可微的，因此给定值 ξ，函数 $\widetilde{V}(\boldsymbol{x}, \xi)$ 也具有类似性质。存在一个常数 L 使得 $\|\nabla \widetilde{V}(\boldsymbol{x}, \xi) - \nabla \widetilde{V}(\boldsymbol{y}, \xi)\| \leqslant L\|x - y\|$。基于梯度的资源分配算法（9 – 18）不会减少每个内部迭代中近似优化问题（9 – 15）的目标（Bertsekas，2003）。

$$\nabla \widetilde{V}(\boldsymbol{x}^{k+1}(t), \xi^{k+1}(t)) \leqslant \widetilde{V}(\boldsymbol{x}^{k+1}(t+1), \xi^{k+1}(t+1)) + \left(\frac{L}{2} - \frac{L}{\kappa}\right)\|\boldsymbol{x}^{k+1}(t+1) - \boldsymbol{x}^{k+1}(t)\|^2$$

$$(9 - 22)$$

如果步长满足 $0 < \kappa < L/2$，则下列不等式成立：

$$V(\boldsymbol{x}^k(T)) = \widetilde{V}(\boldsymbol{x}^{k+1}(0), \xi^{k+1}(0))$$

$$\leqslant \widetilde{V}(\boldsymbol{x}^{k+1}(T), \xi^{k+1}(T)) + \left(\frac{L}{2} - \frac{L}{\kappa}\right) \sum_{t=0}^{T-1} \|\boldsymbol{x}^{k+1}(t+1) - \boldsymbol{x}^{k+1}(t)\|^2$$

$$\leqslant V(\boldsymbol{x}^{k+1}(T)) + \left(\frac{L}{2} - \frac{L}{\kappa}\right) \sum_{t=0}^{T-1} \|\boldsymbol{x}^{k+1}(t+1) - \boldsymbol{x}^{k+1}(t)\|^2 \qquad (9 - 23)$$

将 $\xi_{ij}^{k+1}(0)$ 替换为 $\dfrac{x_{ij}^{k+1}(0)}{\sum\limits_{j \in S(i)} x_{ij}^{k}(0)}$，$\boldsymbol{x}^{k+1}(0)$ 替换为 $\boldsymbol{x}^k(T)$。当 $t = 0, 1, \cdots,$ $T - 1$ 时，通过对不等式（9 – 22）求和，得到式（9 – 23）的第一个不等式，然后根据式（9 – 11）和式（9 – 12），得到式（9 – 23）的最后一个不等式。

由于 $\boldsymbol{x}$ 是有界的，所以序列 $V(\boldsymbol{x}^{k+1}(T))$ 是非递减而且有界的。因此，当 $k \to \infty$ 时，序列 $V(\boldsymbol{x}^{k+1}(T))$ 是收敛的。设 $\boldsymbol{x}^*$ 为任意极限点，即存在满足的子序列，当 $n \to \infty$，$\boldsymbol{x}^{k_n+1}(T) \to \boldsymbol{x}^*$。对于 $t = 0, 1, \cdots, T - 1$，当 $n \to \infty$ 时，$\|\boldsymbol{x}^{k_n+1}(t+1) - \boldsymbol{x}^{k_n+1}(t)\|^2 \to 0$。极限点 $\boldsymbol{x}^*$ 也是基于梯度的资源分配算法（9 – 18）的平稳点。由此，可以得到：

$$\nabla \widetilde{V}(\boldsymbol{x}^*, \xi^*) = 0$$

通过所提出的资源分配方案的步骤 10，ξ_{ij}^* 是 $\dfrac{x_{ij}^{k_n+1}(0)}{\sum\limits_{j \in S(i)} x_{ij}^{k_n+1}(0)}$ 的极限点。对于 $t = 0, 1, \cdots, T - 1$，当 $n \to \infty$ 时，$\|\boldsymbol{x}^{k_n+1}(t+1) - \boldsymbol{x}^{k_n+1}(t)\|^2 \to 0$。当 $t = 0,$ $1, \cdots, T - 1$、$n \to \infty$ 时，序列 $\boldsymbol{x}^{k_n+1}(T) \to \boldsymbol{x}^*$。因此，可以得到 $\xi_{ij}^* = \dfrac{x_{ij}^{k_n+1}}{\sum\limits_{j \in S(i)} x_{ij}^{k_n+1}}$。

现在，可以得到：

$$\left.\frac{\partial V(\boldsymbol{x})}{\partial x_{ij}^*}\right|_{x = x^*} = \left.\frac{\partial \widetilde{V}(\boldsymbol{x}, \xi^*)}{\partial x_{ij}^*}\right|_{x = x^*}$$

$$\nabla V(\boldsymbol{x}^*) = 0$$

如果 $0 \leq \theta < 1$，则 $V(\boldsymbol{x})$ 相对于 $\boldsymbol{x}$ 是严格凹的。$\boldsymbol{x}^*$ 是原问题的唯一全局最优解。因此，如果选择合适的步长，所提出的资源分配算法可以在合理的迭代次数内收敛到原问题的全局最优解。后面章节将给出仿真结果来说明该方案的性能。

9.3　多类型应用云部署进一步讨论

9.3.1　企业应用程序和效用函数

企业的每个应用程序有多个功能组件，它可以提供各种服务包括弹性服务和非弹性服务。前者对应于传统的数据服务，如文件传输服务和电子邮件服务。它们能够容忍延迟，甚至可以利用最小的资源，这类服务的效用函数是凹的。后者对应延迟和资源敏感的实时服务，例如实时流视频和音频服务。它们对延迟敏感，并且总是需要固定数量的资源以获得足够的服务质量。它们的效用函数一般是非凸的。本章主要研究那些企业弹性应用程序迁移部署进云的资源分配。

1. $u_{ij}(\cdot)$ 和 $u_i(\cdot)$ 的选择

一般来说，弹性服务可分为两类：一般弹性和交互弹性（Li et al., 2015）。支持一般弹性服务的应用程序的效用函数 U_i^I 中的 $u_{ij}(\cdot)$，或者 U_i^{II} 中的 $u_i(\cdot)$ 的效益部分，具有单调递增且可连续微分的曲线，该曲线随着所提供资源的增加而边际增量递减［见图 9-3（a）］。对数函数通常用来量化这种特性，该类函数可以表述为：

$$u_{ij}(x_{ij}) = w_{ij} \log(x_{ij} + 1) \tag{9-24}$$

$$u_i(y_i) = w_i \log(x_i + 1), \quad y_i = \sum_{j \in S(i)} x_{ij} \tag{9-25}$$

其中，w_{ij} 是企业为应用程序 i 的组件 j 向云资源提供商的物理机 $p \in P(j)$ 支付的费用。w_i 是企业为应用程序 i 的组件向云资源提供商的物理机 p 支付的费用。

交互服务的效用函数的效益部分不同于一般弹性服务的效益部分，它有一个最小的可容忍的资源需求，低于该资源需求则效用为零［如图9-3（b）所示］。因此它有以下形式：

$$u_{ij}(x_{ij}) = w_{ij}\log(x_{ij})\frac{\text{sgn}(x_{ij} - R_{ij}^{\min}) + 1}{2} \qquad (9-26)$$

$$u_i(y_i) = w_i\log(y_i)\frac{\text{sgn}(y_i - R_i^{\min}) + 1}{2}, \quad y_i = \sum_{j \in S(i)} x_{ij} \qquad (9-27)$$

其中，$R_{ij}^{\min}$ 是应用程序 i 的组件 j 的最小资源请求，$R_i^{\min}$ 是应用程序 i 的最小资源请求。

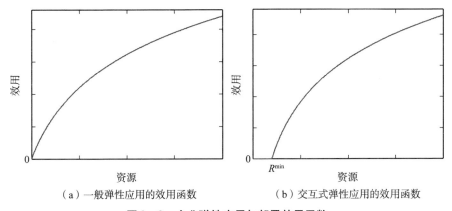

（a）一般弹性应用的效用函数　　　　（b）交互式弹性应用的效用函数

图9-3　企业弹性应用与部署效用函数

资料来源：Li S, Sun W. Utility Maximisation for Resource Allocation of Migrating Enterprise Applications into the Cloud [J]. Enterprise Information Systems，2021，15（2）：197-229.

2. $v_{ij}(\cdot)$ 和 $v_i(\cdot)$ 的选择

将企业应用程序从本地数据中心迁移并部署至云端，支持弹性服务的应用程序的效用函数 U_i^I 中的 $v_{ij}(\cdot)$ 或者 U_i^{II} 中的 $v_i(\cdot)$ 的成本部分与应用程序的实际成本有关。例如，云资源提供商在为应用程序提供适当运行所需的资源时会发生能量消耗。

我们选择线性成本函数如下：

$$v_{ij}(x_{ij}) = \delta_{ij}^p \sigma_p x_{ij} \qquad (9-28)$$

$$v_i(y_i) = \delta_{ij}^p \sigma_p y_i, \quad y_i = \sum_{j \in S(i)} x_{ij} \qquad (9-29)$$

其中，σ_p 是云资源提供商的物理机 p 为应用程序 i 提供单位资源而产生的成本。如果 $p \in P(j)$，$j \in S(i)$，则 $\delta_{ij}^p = 1$，否则 $\delta_{ij}^p = 0$。

实际上，也可以考虑二次成本函数，如：

$$v_{ij}(x_{ij}) = \delta_{ij}^p \sigma_p x_{ij}^2 \qquad (9-30)$$

$$v_i(y_i) = \delta_{ij}^p \sigma_p y_i^2, \quad y_i = \sum_{j \in S(i)} x_{ij} \qquad (9-31)$$

所提出的资源分配方案能很好地处理这类成本函数。然而，每个应用程序的最优资源分配的精确表达式有时很难推导。

9.3.2 应用程序的最优资源分配

本节目标是求解得到应用程序的每个组件的资源分配的精确表达式。由于效用函数的复杂性，我们只考虑效用函数的成本部分是简单的线性关系，如式（9-28）和式（9-29）所示。然后，考虑到两种类型的弹性服务和效用函数的两种选择，我们可以在以下四种情况下分析资源的最优分配：

1. 情况 1：$U_i^I(x_i) = \sum_{j \in S(i)} (w_{ij} \log(x_{ij} + 1) - \delta_{ij}^p \sigma_p x_{ij})$

拉格朗日函数为：

$$L(\boldsymbol{x}, \boldsymbol{\mu}) = \sum_{i \in I} \sum_{j \in S(i)} (w_{ij} \log(x_{ij} + 1) - \delta_{ij}^p \sigma_p x_{ij}) + \sum_{p \in P} \mu_p \left(C_p - \sum_{i \in I} \sum_{j \in S(i)} \delta_{ij}^p x_{ij} \right)$$

从优化问题的 KKT 条件出发，可以得到：

$$\frac{\partial L(\boldsymbol{x}, \boldsymbol{\mu})}{\partial x_{ij}} = \frac{w_{ij}}{x_{ij} + 1} - \sigma_p - \mu_p = 0, \quad p \in P(j), \ j \in S(i)$$

$$x_{ij} = \frac{w_{ij}}{\sigma_p + \mu_p} - 1, \quad p \in P(j), \ j \in S(i)$$

在最优点处的互补松弛性条件为：

$$\sum_{i \in I} \sum_{j \in S(i)} \delta_{ij}^p x_{ij} = \sum_{i \in I} \sum_{j \in S(i) \cap S(p)} \left(\frac{w_{ij}}{\sigma_p + \mu_p} - 1 \right) = C_p$$

因此，资源提供商的物理机 p 收取的最优价格 μ_p^* 为：

$$\mu_p^* = \frac{\sum\limits_{i \in I} \sum\limits_{j \in S(i) \cap S(p)} w_{ij}}{C_p + \sum\limits_{i \in I} |S(i) \cap S(p)|} - \sigma_p \qquad (9-32)$$

应用程序 i 的组件 j 的最优资源分配为：

$$x_{ij}^* = \frac{w_{ij}\big(C_p + \sum_{i \in I} |S(i) \cap S(p)|\big)}{\sum_{i \in I} \sum_{j \in S(i) \cap S(p)} w_{ij}} - 1 \qquad (9-33)$$

应用程序 i 的组件 j 的最优资源分配取决于资源提供商的物理机 p 的资源容量和其托管的组件数量与企业为应用组件迁移部署而愿意支付的费用之和。

2. 情况 2：$U_i^I(x_i) = \sum_{j \in S(i)} \Big(w_{ij} \log(x_{ij}) \dfrac{\mathrm{sgn}(x_{ij} - R_{ij}^{\min}) + 1}{2} - \delta_{ij}^p \sigma_p x_{ij} \Big)$

情况 2 的分析过程和情况 1 一样，资源提供商的物理机 p 收取的最优价格为：

$$\mu_p^* = \frac{\sum_{i \in I} \sum_{j \in S(i) \cap S(p)} w_{ij}}{C_p} - \sigma_p \qquad (9-34)$$

应用程序 i 的组件 j 的最优资源分配为：

$$x_{ij}^* = \frac{w_{ij} C_p}{\sum_{i \in I} \sum_{j \in S(i) \cap S(p)} w_{ij}} \qquad (9-35)$$

应用程序 i 的组件 j 的最优资源分配取决于资源提供商的物理机 p 的资源容量和企业为应用组件迁移部署而愿意支付的费用之和。在这种情况下，组件 j 提供了交互式弹性服务，它需要最小的资源需求 $R_{ij}^{\min}$。因此，为了保证这种交互式弹性服务的服务质量，应用程序的组件 i 的支付意愿 w_{ij} 应该满足以下不等式：

$$\frac{w_{ij}}{\sum_{i \in I} \sum_{j \in S(i) \cap S(p)} w_{ij}} \geqslant \frac{R_{ij}^{\min}}{C_p} \qquad (9-36)$$

这意味着对组件 j 的支付意愿占所有组成部分的总支付意愿的加权比例不能低于 $R_{ij}^{\min} / C_p$。

3. 情况 3：$U_i^{II}(x_i) = w_i \log(y_i + 1) - \delta_{ij}^p \sigma_p y_i$，$y_i = \sum_{j \in S(i)} x_{ij}$

此时的拉格朗日函数为：

$$L(x, \mu) = \sum_{i \in I} \Big(w_i \log\big(\sum_{j \in S(i)} x_{ij} + 1\big) - \delta_{ij}^p \sigma_p \sum_{j \in S(i)} x_{ij} \Big) + \sum_{p \in P} \mu_p \Big(C_p - \sum_{i \in I} \sum_{j \in S(i)} \delta_{ij}^p x_{ij} \Big)$$

从优化问题的 KKT 条件出发，可以得到：

$$\frac{\partial L(\boldsymbol{x}, \mu)}{\partial x_{ij}} = \frac{w_{ij}}{\sum\limits_{j \in S(i)} x_{ij} + 1} - \sigma_p - \mu_p = 0, \; p \in P(j), \; j \in S(i)$$

$$y_i = \sum_{j \in S(i)} x_{ij} = \frac{w_i}{\sigma_p + \mu_p} - 1, \; p \in P(j), \; j \in S(i)$$

或

$$\sigma_p + \mu_p = \frac{w_i}{y_i + 1}, \; p \in P(j), \; j \in S(i)$$

应用程序 i 由多个组件 $S(i)$ 组成，如果此应用程序的每个组件由资源提供商的单独物理机托管，则这些资源提供商的物理机收取的价格满足：

$$\sigma_{p_1} + \mu_{p_1} = \sigma_{p_2} + \mu_{p_2} = \frac{w_i}{y_i + 1}, \; p_1 \in P(j_1), \; p_2 \in P(j_2), \; j_1, j_2 \in S(i)$$

构建由集合 I 和 P 组成的无向图，每一条边表示至少应用程序的一个组件由资源提供商的物理机 p 托管。如果图是连通的，则 $\sigma_p + \mu_p = \sigma + \mu$，$p \in P$ 成立。如果图没有连通，则可以对整个无向图中的每个连通子图分别运行优化过程。从而得到价格关系式。拉格朗日函数可以重新写成：

$$L(\boldsymbol{x}, \mu) = \sum_{i \in I} \left(w_i \log \frac{w_i}{\sigma_p + \mu_p} - \sigma_p \sum_{j \in S(i)} x_{ij} \right) + \sum_{p \in P} \mu_p \left(C_p - \sum_{i \in I} \sum_{j \in S(i)} x_{ij} \right)$$

$$= \sum_{i \in I} \left(w_i \log \frac{w_i}{\sigma + \mu} - (\sigma + \mu) \left(\frac{w_i}{\sigma + \mu} - 1 \right) \right) + \mu \sum_{p \in P} C_p$$

令 $dL(\boldsymbol{x}, \mu)/d\mu = 0$，可以得到：

$$\sum_{i \in I} \left(\frac{w_i}{\sigma + \mu} - 1 \right) = \sum_{p \in P} C_p$$

因此，资源提供商的物理机收取的最优价格为：

$$\mu^* = \frac{\sum\limits_{i \in I} w_i}{|I| + \sum\limits_{p \in P} C_p} - \sigma \tag{9-37}$$

应用程序 i 的最优资源 y_i^* 分配为：

$$y_i^* = \frac{w_i \left(|I| + \sum\limits_{p \in P} C_p \right)}{\sum\limits_{i \in I} w_i} - 1 \tag{9-38}$$

这里，$|I|$ 表示资源提供商托管的应用程序的组件数量。每个应用程序 i 的最优资源分配取决于其资源提供商的总容量和提供商托管的应用程序数量，

以及所有应用程序的总支付意愿。在这种情况下，应用 i 的每个组件 j 的最优资源分配不是唯一的，因为效用函数 $U_i^{II}(x_i)$ 对变量 x_{ij} 不是严格凹的，这正如在定理 9.1 中所讨论的。而由于效用函数对于变量 y_i 是严格凹的，应用程序 i 的总资源分配 y_i^* 是唯一的。

4. 情况 4：$U_i^{II}(x_i) = w_i \log(y_i) \dfrac{\mathrm{sgn}(y_i - R_i^{\min}) + 1}{2} - \delta_{ij}^p \sigma_p y_i$，$y_i = \displaystyle\sum_{j \in S(i)} x_{ij}$

这个分析过程和情况 3 一样，资源提供商的物理机收取的最优价格为 μ^*：

$$\mu^* = \frac{\displaystyle\sum_{i \in I} w_i}{\displaystyle\sum_{p \in P} C_p} - \sigma \tag{9-39}$$

应用程序 i 的最优资源 y_i^* 分配为：

$$y_i^* = \frac{w_i \displaystyle\sum_{p \in P} C_p}{\displaystyle\sum_{i \in I} w_i} \tag{9-40}$$

因此，每个应用程序 i 的最优资源分配取决于其资源提供商的总容量，以及由资源提供商托管的所有应用程序的总支付意愿。在这种情况下，应用程序 i 的组件提供了一个交互式弹性服务，它需要最小的资源需求 $R_i^{\min}$。为了保证交互式弹性服务的服务质量，企业为应用程序的支付意愿 w_i 应该满足以下不等式：

$$\frac{w_i}{\displaystyle\sum_{i \in I} w_i} \geqslant \frac{R_i^{\min}}{\displaystyle\sum_{p \in P} C_p} \tag{9-41}$$

这意味着对应用程序 i 的支付意愿占总的应用程序的总支付意愿比例应该不小于 $R_i^{\min} \big/ \displaystyle\sum_{p \in P} C_p$。

9.4　多类型应用云部署仿真分析

9.4.1　企业应用程序云部署描述

假设企业将本地的四个应用程序迁移部署进云端，以减少基础设施投资和管理费用。每个应用程序由三个功能层的组件组成：前端层、业务逻辑层和后端层。在这里，假设每层由一个组件组成。企业只能将每个应用程序的前端和业务逻辑组件迁移到云中，并将后端组件留在自己的本地数据中心。

在云数据中心，每台物理机都有一个 Intel Xeon E5606 4 核处理器，RAM 为 4GB/8GB/16GB 和 1TB/2TB Seagate Barracuda XT 硬盘。两台物理机托管四个应用程序，每个应用程序由两个组件组成。以企业应用云部署问题（9 – 4）中的 RAM 资源分配为例，研究资源分配方案的性能。所提出的方案也可应用于 CPU、存储资源分配。

9.4.2　内部迭代与性能分析

上述提出的资源分配过程由两部分组成：具有资源分配更新的内部迭代算法（9 – 18）至算法（9 – 20），带参数 $\xi_i(t)$ 更新的外部迭代公式（9 – 21）。外部迭代的最后一次内部迭代的值是下一次外部迭代的初始值。研究收敛的总迭代次数与内迭代次数 T 之间的关系，当前后两个资源分配值之间的差不超过后一个值的 0.1% 时，该方案被认为达到稳定。这里以资源分配模型中 $\theta = 1$ 为例，分析内部迭代次数 T 对收敛时间的影响。我们选择了几个不同的参数，比如步长和支付意愿，并在图 9 – 4 中描述了仿真结果。

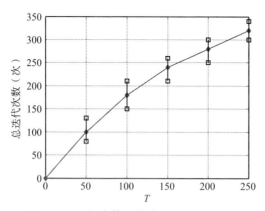

图 9 – 4　所提出算法的收敛的总迭代次数

资料来源：Li S, Sun W. Utility Maximisation for Resource Allocation of Migrating Enterprise Applications into the Cloud [J]. Enterprise Information Systems, 2021, 15 (2): 197 – 229.

我们观察到，该算法收敛的总迭代次数随 T 的增加而逐渐增加，但与 T 不成正比，T 值越大说明内部迭代计算量越大，收敛时间越长。我们还发现，在每一次内部迭代中，由于资源分配方案是基于梯度的算法，所以收敛速度主要取决于迭代步长。接下来的分析中，我们选择适当的步长来保证每个内部迭代均在 $T=50$ 内实现收敛。

9.4.3 收敛性与分析

我们考虑所提出的资源分配方案在几种不同情况下的性能。资源提供商的物理机 p 的单位资源成本为 $\sigma_p=0.6$。算法迭代步长 $\kappa=\gamma=0.2$。每个组件的初始资源分配为 $x_{ij}=0.5\text{GB}$，初始值 ξ_{ij} 设置为 0.5。

1. 方案一：非耦合情况

本节中假设每个应用程序的效用是可分离的，也就是说，应用程序的满意度取决于应用程序的每个组件得到的具体效用值，为应用程序分配资源所产生的成本取决于为每个组件支付的费用。物理机的 RAM 资源容量为 $C=(C_1, C_2)=(8, 12)\text{GB}$。当企业将应用程序部署进云时，它必须为应用程序占用一定的资源量支付费用，假设这四个应用程序的支付意愿为 $w=(w_{11}, w_{12}, w_{21}, w_{22}, w_{31}, w_{32}, w_{41}, w_{42})=(4, 4, 3, 3, 2, 2, 1, 1)$。考虑应用程序的组件支持一般弹性服务，并在图 9-5 中描述资源分配方案的性能。不难观察到，该算法最终收敛到一个稳定的状态，在合理的迭代次数内最终达到最优的资源分配。

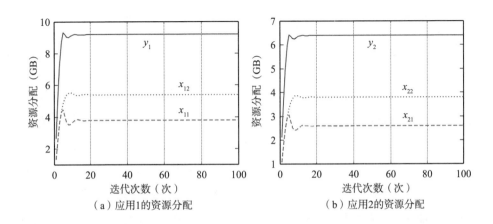

（a）应用1的资源分配　　　　　　（b）应用2的资源分配

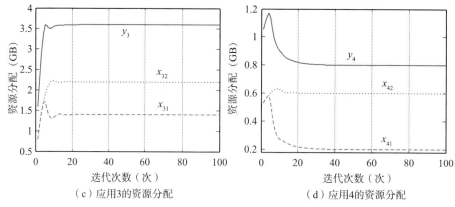

（c）应用3的资源分配　　　　　　　　（d）应用4的资源分配

图9-5　非耦合情形下一般弹性应用的资源分配

资料来源：Li S, Sun W. Utility Maximisation for Resource Allocation of Migrating Enterprise Applications into the Cloud [J]. Enterprise Information Systems, 2021, 15 (2)：197-229.

表9-1中也列出了该方案的最优资源分配，同时给出了用非线性规划软件LINGO求解的最优解以及由式（9-33）得到的结果。因为模型的目标函数对 x_{ij}，$j \in S(i)$，$i \in I$ 是严格凹的（此时 $\theta = 0$），所以每个组件的最优资源分配存在而且是唯一的（该结论已经在定理9.2中得到证明）。

表9-1　　　　　　非耦合情形下一般弹性服务应用程序的最优资源分配　　　　　　单位：GB

变量	x_{11}^*	x_{12}^*	y_1^*	x_{21}^*	x_{22}^*	y_2^*	x_{31}^*	x_{32}^*	y_3^*	x_{41}^*	x_{42}^*	y_4^*
算法	3.8	5.4	9.2	2.6	3.8	6.4	1.4	2.2	3.6	0.2	0.6	0.8
式（9-33）	3.8	5.4	9.2	2.6	3.8	6.4	1.4	2.2	3.6	0.2	0.6	0.8
LINGO	3.8	5.4	9.2	2.6	3.8	6.4	1.4	2.2	3.6	0.2	0.6	0.8

资料来源：Li S, Sun W. Utility Maximisation for Resource Allocation of Migrating Enterprise Applications into the Cloud [J]. Enterprise Information Systems, 2021, 15 (2)：197-229.

考虑应用程序的组件支持交互式弹性服务，分析此情形下的应用云部署资源分配，这些组件的最小资源请求是 $R^{\min} = (R_{11}^{\min}, R_{12}^{\min}, R_{21}^{\min}, R_{22}^{\min}, R_{31}^{\min}, R_{32}^{\min}, R_{41}^{\min}, R_{42}^{\min}) = (0.3000, 0.3000, 0.2000, 0.2000, 0.1000, 0.1000, 0.0500, 0.0500)$GB。对于交互弹性服务的每个组件，服务质量保证的充分条件（9-36）是成立的，由此则可以获得最优资源分配。图9-6描述了每个应用程序资源分配的变化曲线。可以发现，所提出的资源分配方案收敛到一个稳定的状态，在合理的迭代次数内实现最优资源分配，$x^* = (x_{11}^*, x_{12}^*, x_{21}^*, x_{22}^*, x_{31}^*, x_{32}^*, x_{41}^*, x_{42}^*) =$ $(3.2000, 4.8000, 2.4000, 3.6000, 1.6000, 2.4000, 0.8000, 1.2000)$ GB。

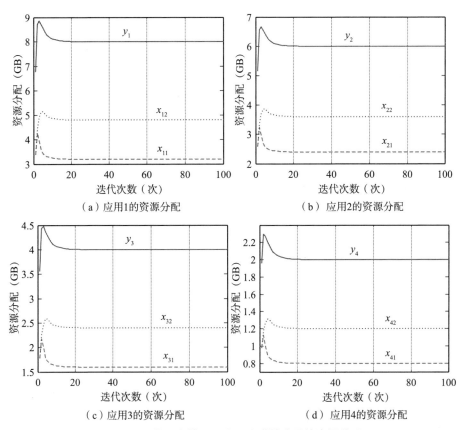

图 9 - 6　非耦合情形下交互式弹性应用的资源分配

资料来源：Li S, Sun W. Utility Maximisation for Resource Allocation of Migrating Enterprise Applications into the Cloud [J]. Enterprise Information Systems, 2021, 15 (2): 197 - 229.

可以看出，所提出资源分配方案得出的最优资源分配等于式（9 - 35）的值。在这种不耦合的情况下，由于海森矩阵是正定的，目标函数对 x_{ij} 是严格凹的，因此支持交互式弹性服务应用的每个组件的最优资源分配是存在而且唯一的。在最优资源分配时，资源提供商的每个物理机利用率大约为 100%，即 $\sum_{i \in I} \sum_{j \in S(i)} \delta_{ij}^{p*} x_{ij}^* = C_p$，这一结果也可以从式（9 - 35）中得出。因此，云资源提供商提高了资源利用率，同时实现了企业应用程序的迁移部署进云的效用最大化。

2. 方案二：耦合情况

本节考虑每个应用程序的效用函数只依赖于来自所有组件的聚合资源，同时资源提供商消耗资源所产生的成本仅取决于应用程序获得的总资源量。物理机的 RAM 资源容量为 $C = (C_1, C_2) = (8, 16)$GB，企业为这四个应用程序的支付意愿为 $w = (w_1, w_2, w_3, w_4) = (20, 15, 10, 5)$。针对组件支持一般弹性服务的应用程序，研究本章提出的资源分配方案的性能，并在图9－7中描述了仿真结果。可以观察到，该方案在合理的迭代次数内可以有效地收敛到最优的资源分配。

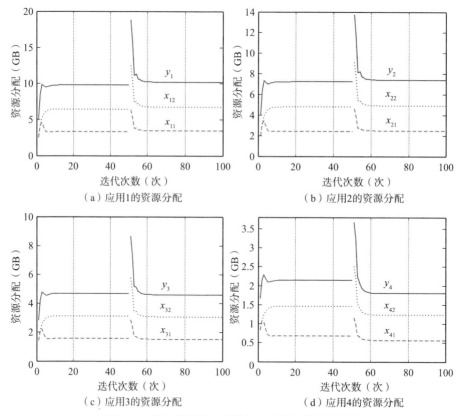

图9－7　耦合情形下一般弹性应用的资源分配结果

资料来源：Li S, Sun W. Utility Maximisation for Resource Allocation of Migrating Enterprise Applications into the Cloud [J]. Enterprise Information Systems, 2021, 15（2）：197－229.

表9－2列出了本章算法获得的最优分配和由非线性规划软件 LINGO 得到的最优解。在这种情况下目标函数（9－3）对 x_{ij}，$j \in S(i)$，$i \in I$ 不是严格凹的，因此组件的最优资源分配不是唯一的。表9－2中还给出了式（9－38）

的结果，发现每个应用程序的总资源分配是唯一的。这一结果与理论分析一致，因为目标函数（9-3）对 y_i，$i \in I$ 是严格凹的。

表 9-2　　　　　　耦合情形下一般弹性服务应用程序的最优资源分配　　　　　单位：GB

变量	x_{11}^*	x_{12}^*	y_1^*	x_{21}^*	x_{22}^*	y_2^*	x_{31}^*	x_{32}^*	y_3	x_{41}^*	x_{42}^*	y_4^*
算法	3.50	6.70	10.20	2.50	4.90	7.40	1.50	3.10	4.60	0.50	1.30	1.80
式（9-38）	—	—	10.20	—	—	7.40	—	—	4.60	—	—	1.80
LINGO	4.19	6.01	10.20	2.00	5.40	7.40	1.81	2.79	4.60	0.00	1.80	1.80

资料来源：Li S, Sun W. Utility Maximisation for Resource Allocation of Migrating Enterprise Applications into the Cloud [J]. Enterprise Information Systems, 2021, 15 (2): 197-229.

现在针对支持交互弹性服务的应用程序的组件，分析本章所提出资源分配方案的性能。这些组件的最小资源请求是 $R^{min} = (R_1^{min}, R_2^{min}, R_3^{min}, R_4^{min}) = (0.4, 0.4, 0.2, 0.1)$GB。保障交互式弹性服务的每个应用服务质量的充分条件是式（9-41），本章的资源分配算法得到的最优资源分配结果如图9-8所示。可以发现，该方案能有效地收敛到最优资源分配 $x^* = (x_{11}^*, x_{12}^*, x_{21}^*, x_{22}^*, x_{31}^*, x_{32}^*, x_{41}^*, x_{42}^*) = (3.2000, 6.4000, 2.4000, 4.8000, 1.6000, 3.2000, 0.8000, 1.6000)$GB，而且所提出的资源分配算法得到的最优解也等于由式（9-40）得到的最优解。与支持一般弹性服务的应用程序的资源分配结果类似，支持交互式弹性服务的应用程序组件的总资源分配也是唯一的，因为目标相对于 y_i，$i \in I$ 是严格凹的。

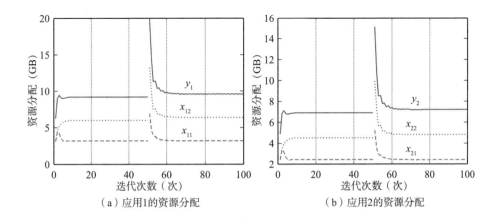

（a）应用1的资源分配　　　　　　　　　（b）应用2的资源分配

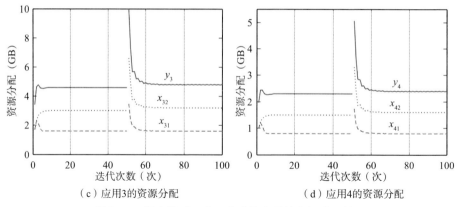

（c）应用3的资源分配　　　　　　　（d）应用4的资源分配

图 9 - 8　耦合情形下交互式弹性应用的资源分配结果

资料来源：Li S, Sun W. Utility Maximisation for Resource Allocation of Migrating Enterprise Applications into the Cloud [J]. Enterprise Information Systems, 2021, 15（2）：197 - 229.

我们还可以发现，应用 1 获得的总资源是应用 3 的两倍，这与它们的支付意愿值的比率是一致的。因此，当企业将应用迁移部署进云时，该企业也可以在其应用之间实现一定程度的资源公平分配，即应用支付的费用越高，提供该应用的资源越多。

3. 算法性能比较

我们还在图 9 - 9 中描述了所有应用程序的聚合效用的变化曲线。所提出的资源分配方案在不同的场景中几乎在相同或相近的迭代次数内收敛到最优点。

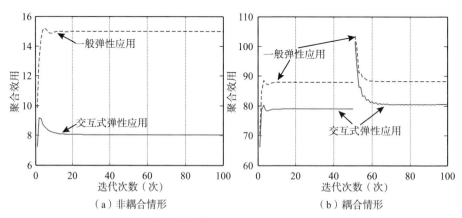

（a）非耦合情形　　　　　　　　　（b）耦合情形

图 9 - 9　所提出的算法得到的所有应用的聚合效用

资料来源：Li S, Sun W. Utility Maximisation for Resource Allocation of Migrating Enterprise Applications into the Cloud [J]. Enterprise Information Systems, 2021, 15（2）：197 - 229.

该方案实际上是一种基于比例梯度的算法。当给定初始值总是可以收敛到最优，因为每个近似问题都是凸优化问题。应用逐次逼近方法，该方案最终收敛到扩展形式的效用最大化模型的全局最优点处，用于企业应用程序迁移部署进云的资源分配。这里的算法收敛速度主要取决于算法参数（例如步长），而不是支持弹性服务的应用程序的特性。如果选择更合适的步长，可以进一步提高收敛速度。

利用智能优化算法也可以实现云数据中心的资源分配。这里利用克莱克和肯尼迪（Clerc and Kennedy，2002）提出的 PSO 算法，分析云数据中心资源分配算法的相关性能。该方法首先初始化随机解，然后通过不断更新代来搜索最优解。在基于 PSO 的资源分配方案中，利用目标函数及其约束条件，构造适应度函数。为了保证算法的收敛性，选择 PSO 算法参数 $c1 = c2 = 2$，$w = 1$。群规模大小设置为 20，最大迭代次数设置为 300。考虑同上的企业多类型应用云部署场景，并在图 9 - 10 中描述聚合效用的演化曲线。

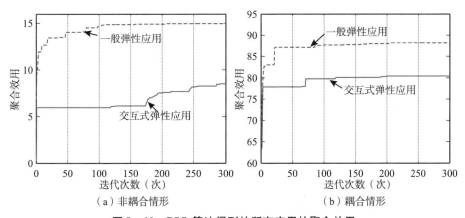

图 9 - 10　PSO 算法得到的所有应用的聚合效用

资料来源：Li S, Sun W. Utility Maximisation for Resource Allocation of Migrating Enterprise Applications into the Cloud ［J］. Enterprise Information Systems，2021，15（2）：197 - 229.

我们发现基于 PSO 的方案可以最终收敛到最优资源分配，但是与图 9 - 9 相比，最终收敛到全局最优需要更多的迭代次数。PSO 算法有两个搜索过程：基于个体历史的认知搜索过程和基于群体历史的社会搜索过程，然而群体需要花费大量的迭代次数来寻找每个粒子的局部最优解并选择最优解。

第 10 章　企业应用云部署的云中心高能效资源管理

对企业定制云数据中心呈现出的问题，可以有效降低数据中心能耗的途径是尽可能地提高物理机资源利用率，即确定最优的活跃物理机数量，而其他的物理机切换为休假或者关闭模式，以达到节能的目标。为了保证用户得到相应的服务质量，避免由于现有服务中的物理机不足所造成的服务等级协议违约，那些在休假中的物理机可以通过再次开启为用户提供服务。但是这种方案也存在着可能造成服务等级协议违约或者整体系统能耗浪费的风险。因此，企业定制云数据中心如何使成本、服务性能以及系统效用都能达到最优成为亟待研究的问题。本章利用拟生灭过程构建企业应用云部署的云中心高能效资源管理模型。

10.1　拟生灭过程与条件随机分解

10.1.1　拟生灭过程

拟生灭过程是由经典生灭过程从一维状态空间到多个维度的延伸，其生成元是分块的三对角矩阵。

考虑一个二维 Markov 过程 $\{X(t), J(t)\}$，其状态空间是：

$$\Omega = \{(k, j), k \geqslant 0, 1 \leqslant j \leqslant m\}$$

$\{X(t), J(t)\}$ 称为一个拟生灭过程，其生成元可写成下列分块三对角形式：

$$Q = \begin{bmatrix} A_0 & C_0 & & & \\ B_1 & A & C & & \\ & B & A & C & \\ & & B & A & C \\ & & & \vdots & \vdots & \ddots \end{bmatrix}$$

其中，所有子块都是 m 阶方阵，满足：

$$(A_0 + C_0)e = (B_1 + A + C)e = (A + B + C)e = 0$$

A_0 和 A 有负的和非负的对角线因子，其余子阵都是非负阵，称状态集 $(k, 1)$，$(k, 2)$，$\cdots$，(k, m) 为水平 k。

若过程是正常返的，以 (X, J) 表示过程 $\{X(t), J(t)\}$ 的极限变量，并记 $\pi_{kj} = \lim_{t \to \infty} P\{X(t) = k, J(t) = j\} = P\{X = k, J = j\}$，其中 $k \geqslant 0$，$1 \leqslant j \leqslant m$，为适应 Q 的分块形式，将稳态概率按水平写成分段形式：

$$\pi_k = (\pi_{k1}, \pi_{k2}, \cdots, \pi_{km}), \quad k \geqslant 0$$

针对稳态概率 π_k，存在如下定理（田乃硕，2001）：

（1）过程 Q 正常返，当且仅当矩阵方程 $RB + RA + C = 0$ 的最小非负解 R 的谱半径 $SP(R)$ 小于 1，并且线性齐次方程组 $\pi_0(A_0 + RB_1) = 0$ 时，有正解。

（2）若矩阵 $G = A + B + C$ 不可约，率阵 R 满足 $SP(R) < 1$，当且仅当 $\pi^* Be > \pi^* Ce$ 时（这里 π^* 是生成元 G 的平稳概率向量），满足 $\pi^* G = 0$，$\pi^* e = 1$。

（3）当过程 Q 正常返时，稳态概率向量可用矩阵几何解表示为：

$$\pi_k = \pi_0 R^k, \quad k = 0, 1, \cdots, c - 1$$

其中，π_0 是方程组 $\pi_0(A_0 + RB_1) = 0$ 的解，满足正规化条件 $\pi_0(I - R)^{-1}e = 1$。

（4）Q^* 正常返当且仅当 $SP(R) < 1$，并且线性齐次方程组 $(\pi_0, \pi_1, \cdots, \pi_c)B[R] = 0$ 有正解，这时稳态分布可表示为 $\pi_k = \pi_c R^{k-c}$，$k \geqslant c$，其中 $(\pi_0, \pi_1, \cdots, \pi_c)$ 是 $(\pi_0, \pi_1, \cdots, \pi_c)B[R] = 0$ 的正解，并满足正规化条件 $\sum_{k=0}^{c-1} \pi_k e + \pi_c(I - R)^{-1}e = 1$。

10.1.2　条件随机分解定理

对非负整值二维离散随机变量 (X, J)，联合概率记为：

$$\pi_{kj} = P\{X=k, \ J=j\}, \ k \geqslant 0, \ 0 \leqslant j \leqslant c$$

$$\pi_k = (\pi_{k0}, \ \pi_{k1}, \ \cdots, \ \pi_{kc}), \ k \geqslant 0$$

若存在 $c+1$ 阶非负方阵 R 满足 $SP(R)<1$，使 $\pi_k = \beta R^k$，$k \geqslant 0$，$\beta(I-R)^{-1}e=1$，其中，$\beta = \pi_0 = (\beta_0, \ \beta_1, \ \cdots, \ \beta_c)$，则称 $\{\pi_k, k \geqslant 0\}$ 是一个矩阵几何解。当 R 具有分块三角阵的情形，例如 $R = \begin{bmatrix} H & \eta \\ 0 & r \end{bmatrix}$，其中，$H$ 是 $c \times c$ 方阵，η 是 $c \times 1$ 列向量，r 是正实数。因 $SP(R)<1$，则 $SP(H)<1$，并且 $0<r<1$，引入条件随机变量 $X^{(c)} = \{X \mid J=c\}$，$X^{(c)}$ 是已知 J 处在位相 c 的条件下 X 所取的值。

根据条件随机分解定理（田乃硕，2001），考虑 $R = \begin{bmatrix} H & \eta \\ 0 & r \end{bmatrix}$，对 $X^{(c)}$ 进行分解：

$$X^{(c)} = X_0 + X_d$$

其中，X_0 服从参数为 r 的几何分布，X_d 是 c 阶离散 PH 变量，有母函数

$$X_d(z) = \frac{1}{\sigma}\{\beta_c + z(\beta_0, \ \cdots, \ \beta_{c-1})(I-zH)^{-1}\eta\}$$

这里

$$\sigma = \beta_c + (\beta_0, \ \cdots, \ \beta_{c-1})(I-H)^{-1}\eta$$

10.2　云中心高能效资源管理模型构建及分析

10.2.1　模型描述

在云服务器资源调度系统中，用户是以任务请求的形式向数据中心发起资源分配请求，企业定制云数据中心系统的云服务器以提供资源分配的方式来响应处理用户的服务请求。用户发起资源请求任务的时间点的间隔和系统的服务器进行资源调度的时间都是随机分布的，因此，在云数据中心，云服务器资源调度系统类似于一个随机服务系统。可以将用户的资源分配请求当作排队系统中的顾客，将物理服务器看成排队系统中的服务台。

在云服务器资源调度休假排队系统的运转的过程中，虚拟机随机地向服务

器发出资源分配的请求，在整个系统中，虚拟机资源分配任务的请求数量不设上限，并且每个资源分配请求任务之间是相互独立的；企业定制云数据中心配备了一定数量的物理服务器，每台物理机上可以部署多个虚拟机，虚拟机之间资源分配请求任务是在相互独立的条件下执行的（见图 10 – 1）。也就是说企业定制云数据中心资源调度系统是多服务台系统，并且物理机为每个虚拟机进行服务提供资源分配服务的时间也是相互独立的；当有任务达到时，如果服务器中的虚拟机无法提供运行任务所需的资源，则用户的资源分配请求会被拒绝，任务请求将会进入排队队列，如果服务器中的虚拟机有空闲资源，则为用户提供服务，任务运行完毕后回收虚拟机分配出去的资源。

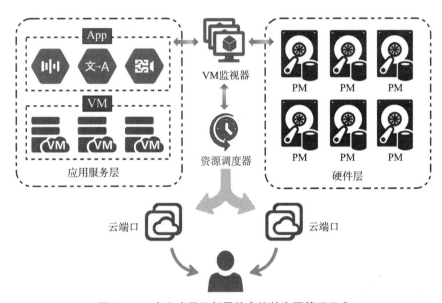

图 10 – 1　企业应用云部署的高能效资源管理示意

资料来源：汪棪. 企业私有云中虚拟机资源优化分配模型与算法研究 [D]. 秦皇岛：燕山大学，2020.

10.2.2　模型构建

对于企业定制云服务器资源调度休假排队系统的构建，具体假设如下。

（1）用户的服务请求到达云计算中心是随机的，用户服务请求到达时间的间隔服从参数为 λ 的泊松流，每进行一个任务的服务所耗费的时间均服从参

数为 μ 的负指数分布。

（2）云计算中心有 c 个服务台，每一个服务台独立工作，在不同时刻到达的任务服务请求中，服务顺序按先到先服务的规则。

（3）云计算系统中心的容量是有限度的，即整个排队系统的服务能力是有限度的，系统最多可以同时对 c 个任务请求进行服务，假如云计算系统中心的服务台都承载了虚拟机而无法再为新的请求分配资源，那么新到达系统的任务请求就无法处理，将会离开排队系统去请求其他系统的服务；新到达的用户服务请求便离去，否则将会进入排队队列中等待服务。

（4）c 个服务器为能力与能耗等均都相同的同构服务器，服务器有 3 种状态：开启、休假、关闭；c 个服务器包含了开启和休假两种状态，关闭的服务器不在此模型内。

模型所使用到的数量指标如下。

（1）单位时间内到达用户资源分配请求数的期望值，即单位时间内的云用户服务请求的平均到达率，记作 λ。而 $1/\lambda$ 表示相邻的两个用户服务请求到达的平均间隔时间。

（2）单位时间内用户资源分配请求被处理的期望值，即单位时间内云用户请求的平均离去率，记作 μ。而 $1/\mu$ 表示每个服务请求得到资源分配部署进云的平均服务时间。

（3）在时刻 t 排队系统中有 n 个用户请求的概率为 $P_n(t)$，而 $P_0(t)$ 代表的是系统空闲率。

（4）排队队列中平均用户资源分配请求数称为队长，记作 L。

（5）排队队列中等待资源配置服务的平均用户请求数称为等待队长，记作 L_q。

（6）用户请求从进入排队队列直到获得虚拟机资源分配后离开排队队列的平均时间称为平均逗留时间，记作 W。

（7）用户请求在系统内排队等待资源分配的平均时间称为平均等待时间，记作 W_q。

企业定制云计算中心的排队系统如图 10-2 所示。

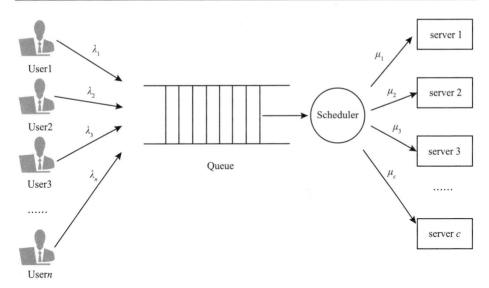

图 10 - 2   企业定制云计算中心的排队系统

资料来源：汪棪. 企业私有云中虚拟机资源优化分配模型与算法研究［D］. 秦皇岛：燕山大学，2020.

10.2.3   部分物理机休假模型

在到达率为 λ，服务率为 μ 的 $M/M/c$ 排队模型中，采用如下休假方式。

模型 10.1（空竭服务）：一旦系统中排队队列为空，没有虚拟机在等待资源分配请求的处理，那么，其中 d 个物理机将同步切换为休假模式。d 是常数满足 $1 \leqslant d < c$，另外 $c - d$ 个物理机即使没有现有的资源配置服务请求也不进行休假，而是处于活跃的等待状态，随时处理新到达的虚拟机服务请求。一次休假结束时，若系统中超过 $c - d$ 个资源分配任务请求，d 个物理机同步切换成正常活跃工作模式；否则原本在休假的物理机仍然处于独立同分布的休假模式。

假设在该云服务器资源调度排队休假模型中，休假时间 V 服从参数为 θ 的指数分布。若结束休假时，排队系统内有 $j(c - d < j \leqslant c)$ 个虚拟机资源分配服务请求，则切换成工作模式的物理机中，有 $j - c + d$ 个物理机开始处理资源分配服务请求，与此同时，有 $c - j$ 个物理机正常活跃工作但处于空闲状态，随时可以接受新的服务请求并进行处理；如果 $j > c$，则所有 d 个返回工作的物理机中,有 $j-c-d$ 个物理机开始处理用户的资源分配服务请求,另外还有 $j-c$ 个用户服务请求继续排队等待。本章的定制云服务器资源调度休假模型假定以模型 10.1 的方式触发休假;用户服务请求任务的到达时间间隔、物理机进行虚拟机部署为任务提供资源分配的服务时间与物理机的休假时间相互独立,在先到先服务的规则下,给出模型的分析如下。

为确保系统的效用最大化以及协议约定的服务性能,提出带休假模式的云服务器资源调度模型。当云服务器未处理用户请求时,将其切换为休假模式,以有效地节省能耗,缩减成本。当排队系统队列长度达到一定阈值时,现有的物理机负载较高,无法为新的虚拟机进行资源配置,处于休假状态的物理机将被切换成正常活跃状态,来确保尽可能不违背服务等级协议。也就是说,云服务器有两种状态,一种是活跃的工作状态,另一种是更加节能的休假状态。当系统内用户服务请求数较低时,一部分物理机处于备用状态(即休假模式),以减少不必要的能源消耗。当系统内用户服务请求数较高时,备用模块中的物理机将切换为活跃状态,以处理用户服务请求,保证用户的满意度。

10.3 云中心最优服务器数量建模与分析

10.3.1 云服务器数量的优化模型

将云计算系统中的服务请求看作顾客,那么物理服务器就可以被看作服务台。在云服务器数量优化的模型中,虚拟机相当于顾客,物理机则相当于服务台。

$L_v(t)$ 表示 t 时刻排队系统中等待服务的顾客数,即等待资源分配的虚拟机数,假设:

$$J(t) = \begin{cases} 0, & \text{时刻 } t \text{ 有 } d \text{ 个物理机休假} \\ 1, & \text{时刻 } t \text{ 没有休假的物理机} \end{cases}$$

$\{L_v(t), J(t)\}$ 是马尔可夫过程。假设 $t=0$ 时云服务器资源调度休假排队系统中没有等待服务的顾客且 d 个物理机处于休假模式,其状态空间为:

$$\Omega = \{0, 0\} \cup \{(k, j): k \geq 1, j = 0, 1\}$$

与单服务台系统有所区别的是，即使某时刻 d 个物理机处于休假模式，还存在 $c-d$ 个活跃的物理机可以处理用户的服务请求。也就是说，当有物理机转换成休假模式时，用户的服务请求有可能增加，也或许会减少。在状态 $(1, 1)$ 上有用户因请求得不到按时服务而离去，系统将转移到状态 $(0, 0)$ 上，这就表示此时有 d 个物理机切换为了休假模式。

将模型 10.1 的状态空间按照顺序进行排列，过程的无穷小生成元可以表现为下列形式：

$$
Q = \begin{bmatrix}
A_0 & C_0 & & & & & & \\
B_1 & A_1 & C_1 & & & & & \\
 & B_2 & A_2 & C_2 & & & & \\
 & & \vdots & \vdots & \vdots & & & \\
 & & & B_c & A_c & C_c & & \\
 & & & & B & A & C & \\
 & & & & & B & A & C \\
 & & & & & & \vdots & \vdots & \vdots
\end{bmatrix}
$$

其中，$A_0 = -\lambda$，$C_0 = (\lambda, 0)$，$C_k = \lambda I$，$k \geq 1$，I 是二阶单位阵；$B_1 = (\mu, \mu)^T$，$B_k = k\mu I$，$2 \leq k \leq c-d$；当 $1 \leq k \leq c-d$ 时，$A_k = -(\lambda + k\mu)I$。当 $c-d+1 \leq k \leq c$ 时，有：

$$
B_k = \begin{bmatrix} (c-d)\mu & 0 \\ 0 & c\mu \end{bmatrix}, \quad A_k = \begin{bmatrix} -[\lambda + \theta + (c-d)\mu] & 0 \\ 0 & -(\lambda + c\mu) \end{bmatrix}
$$

最后，$C = \lambda I$，并且

$$
B = \begin{bmatrix} (c-d)\mu & 0 \\ 0 & c\mu \end{bmatrix}, \quad A = \begin{bmatrix} -[\lambda + \theta + (c-d)\mu] & 0 \\ 0 & -(\lambda + c\mu) \end{bmatrix}
$$

由此可见，模型 10.1 中 $\{L_v(t), J(t)\}$ 是拟生灭过程的形式。

在拟生灭过程分析中，矩阵方程

$$
R^2 B + RA + C = 0 \tag{10-1}
$$

的最小非负解 R 称为率阵。

引理 10.1　二次代数方程

$$
(c-d)\mu z^2 - [\lambda + \theta + (c-d)\mu]z + \lambda = 0 \tag{10-2}
$$

有相异实根 $r < r^*$ 且 $0 < r < 1$，$r^* > 1$。

定理 10. 1 $\rho = \lambda(c\mu)^{-1} < 1$ 时，式（10 - 1）有最小非负解：

$$R = \begin{pmatrix} r & \dfrac{\theta r}{c\mu(1-r)} \\ 0 & \rho \end{pmatrix} \qquad (10-3)$$

引理 10. 2 率阵 R 满足 $RT° = \lambda e$。这里 $T° = ((c-d)\mu, \ c\mu)^T$，$e = (1, \ 1)^T$。

定理 10. 2 Markov 过程 $\{L_v(t), J(t)\}$ 正常返，当且仅当 $\rho < 1$。

10. 3. 2 模型稳态指标分析

设 $\rho < 1$，(L_v, J) 表过程的稳态极限，记：

$$\pi_{kj} = P\{L_v, \ J = j\} = \lim_{t \to \infty} P\{L_v(t) = k, \ J(t) = j\}, \ (k, \ j) \in \Omega$$

适应生成元 Q 的分块结构，平稳概率写成分段向量 $\prod = (\pi_0, \ (\pi_{10}, \pi_{11}), \cdots, (\pi_{k0}, \pi_{k1}) \cdots)$ 并记 $\pi_0 = \pi_{00}$，$\pi_k = (\pi_{k0}, \ \pi_{k1})$，$k \geq 1$。

引理 10. 3 在系统参数与 r 之间有式（10 - 4）：

$$r + \theta + (c-d)\mu(1-r) = \frac{\theta}{1-r} + (c-d)\mu = \frac{\lambda}{r} \qquad (10-4)$$

引入

$$H_j = \frac{\theta r}{r(1-r)} \sum_{i=0}^{j-1} i! \left(\frac{\mu}{\lambda}\right)^i, \ 1 \leq j \leq c-d$$

$$H = \frac{\theta r}{r(1-r)} \sum_{i=0}^{c-d-1} i! \left(\frac{\mu}{\lambda}\right)^i + (c-d)! \left(\frac{\mu}{\lambda}\right)^{c-d}$$

引理 10. 4 $\rho < 1$ 时，$xB[R] = 0$ 的解为：

$$\pi_0 = K$$

$$\pi_{j0} = \frac{K}{j!} \left(\frac{\lambda}{\mu}\right)^j \frac{H - H_j}{H}, \ 1 \leq j \leq c-d-1$$

$$\pi_{j1} = \frac{K}{j!} \left(\frac{\lambda}{\mu}\right)^j \frac{H_j}{H}, \ 1 \leq j \leq c-d+1$$

$$\pi_{j0} = \frac{Kr^{j-(c-d)}}{H}, \ c-d \leq j \leq c$$

$$\pi_{j1} = \frac{K}{j!}\left(\frac{\lambda}{\mu}\right)^j \frac{H_{c-d} + \frac{\theta r}{\lambda(1-r)}\sum_{i=0}^{j-(c-d)-1}(c-d+i)!r^i\left(\frac{\mu}{\lambda}\right)^{c-d+i}}{H}, \quad c-d+1 \leqslant j \leqslant c$$

证明: $xB[R] = 0$ 可写成

$$\lambda\pi_0 - \mu(\pi_{10} + \pi_{11}) = 0 \tag{10-5}$$

$$-(\lambda + \mu)\pi_{11} + 2\mu\pi_{21} = 0 \tag{10-6}$$

$$\lambda\pi_{j-1,0} - (\lambda + j\mu)\pi_{j0} + (j+1)\mu\pi_{j+1,0} = 0, \quad 1 \leqslant j \leqslant c-d-1 \tag{10-7}$$

$$\lambda\pi_{j-1,1} - (\lambda + j\mu)\pi_{j1} + (j+1)\mu\pi_{j+1,1} = 0, \quad 2 \leqslant j \leqslant c-d \tag{10-8}$$

$$\lambda\pi_{c-d-1,0} - [\lambda + (c-d)\mu]\pi_{c-d,0} + (c-d)\mu\pi_{c-d+1,0} = 0 \tag{10-9}$$

$$\lambda\pi_{j-1,0} - [\lambda + \theta + (c-d)\mu]\pi_{j0} + (c-d)\mu\pi_{j+1,0} = 0, \quad c-d+1 \leqslant j \leqslant c-1 \tag{10-10}$$

$$\lambda\pi_{j-1,1} + \theta\pi_{j,0} - (\lambda + j\mu)\pi_{j1} + (j+1)\mu\pi_{j+1,1} = 0, \quad c-d+1 \leqslant j \leqslant c-1 \tag{10-11}$$

$$\lambda\pi_{c-1,0} - [\lambda + \theta + (c-d)\mu(1-r)]\pi_{c0} = 0 \tag{10-12}$$

$$\lambda\pi_{c-1,1} + \frac{\theta}{1-r}\pi_{c0} - c\mu\pi_{c1} = 0 \tag{10-13}$$

由式（10-4）和式（10-12）得：$\pi_{c0} = r\pi_{c-1,0}$，代入式（10-10），有：

$$\lambda\pi_{c-2,0} = [\lambda + \theta + (c-d)\mu]\frac{\pi_{c0}}{r} + (c-d)\mu\pi_{c0}$$

$$= [\lambda + \theta + (c-d)\mu(1-r)]\frac{\pi_{c0}}{r} = \frac{\lambda}{r^2}\pi_{c0}$$

即 $\pi_{c0} = r^2\pi_{c-2,0}$，代入式（10-9）可得：

$$\pi_{c0} = r^{c-k}\pi_{k0}, \quad c-d \leqslant k < c \tag{10-14}$$

将 $\pi_{c-d,0}$，$\pi_{c-d+1,0}$ 代入式（10-8），得：

$$\pi_{c-d-1,0} = \frac{\pi_{c0}}{\lambda r^d}\left[(c-d)\mu + \frac{\theta r}{1-r}\right]$$

将这些结果代入式（10-7），递推可得出：

$$\pi_{k0} = \frac{\pi_{c0}}{r^d}\frac{1}{k!}\left(\frac{\lambda}{\mu}\right)^k\left[\frac{\theta r}{\lambda(1-r)}\sum_{j=k}^{c-d+1}j!\left(\frac{\mu}{\lambda}\right)^j + (c-d)\mu\left(\frac{\mu}{\lambda}\right)^{c-d}\right]$$

$$= \frac{\pi_{c0}}{r^d}\frac{1}{k!}\left(\frac{\lambda}{\mu}\right)^k(H - H_k), \quad 0 \leqslant k \leqslant c-d-1 \tag{10-15}$$

$k = 0$ 时，取 $\pi_0 = K$ 为待定常数，给出

$$\pi_{c0} = \frac{Kr^d}{H}$$

进而可以得出引理中 π_{k0} 的表达式。

由式（10-5）易得 $\pi_{11} = \frac{\theta r}{\lambda(1-r)} K\left(\frac{\lambda}{\mu}\right)$，再由式（10-6）、式（10-8）、式（10-11）递推给出定理中 π_{k1}，$1 \leqslant k \leqslant c$ 的表达式，代入验证可知推论所得的解符合式（10-13）。

定理 10.3 $\rho < 1$ 时，(L_v, J) 的分布是：

$$\pi_{k0} = K\beta_{c0}r^{k-c}, \quad k \geqslant c$$

$$\pi_{k1} = K\beta_{c1}\rho^{k-c} + K\beta_{c0}\frac{\theta r}{c\mu(1-r)}\sum_{j=0}^{k-c-1} r^j \rho^{k-c-1-j}, \quad k \geqslant c \qquad (10-16)$$

其中，π_{k0} 表示当云服务器资源调度排队休假模型的排队队长为 k 时，有 d 个物理机正处于休假模式的概率；π_{k1} 表示当云服务器资源调度排队休假模型的排队队长为 k 时，所有物理机正处于活跃工作模式的概率。而 $0 \leqslant k \leqslant c$ 时，$\pi_0 = K$，$\pi_k = K(\beta_{k0}, \beta_{k1})$ 如引理 10.4 所示，正规化常数 $K = \{1 + \sum_{j=1}^{c-1}(\beta_{j0} + \beta_{j1}) + (\beta_{c0} + \beta_{c1})(I-R)^{-1}e\}^{-1}$。

10.3.3 条件随机分解

为将模型 10.1 与 $M/M/c$ 加以比较，令：

$$Q_c = \{L_v - c \,|\, L_v \geqslant c, \ J = 1\}$$

Q_c 是已知当所有物理机都处于正在服务状态时，排队等待用户的任务请求数，在不考虑休假状态的 $M/M/c$ 系统中，对应的条件随机变量 Q_0 服从参数 ρ 的几何分布：

$$P\{Q_0 = j\} = (1-\rho)\rho^j, \quad j \geqslant 0$$

定理 10.4 Q_c 可分解为两个独立随机变量之和，即 $Q_c = Q_0 + Q_d$，Q_0 服从参数 ρ 的几何分布；附加队长 Q_d 有母函数：

$$Q_d(z) = \frac{1}{\sigma}\left\{\beta_{c1} + \frac{\theta r}{c\mu(1-r)}\beta_{c0}\frac{1}{1-zr}\right\} \qquad (10-17)$$

其中，$\sigma = \beta_{c1} + \dfrac{\theta r}{c\mu(1-r)^2}\beta_{c0}$。

稳态下物理机全忙的概率是：

$$P\{L_v \geqslant c,\ J=1\} = \sum_{j=c}^{\infty} \pi_{k1}$$

$$= K\beta_{c1}\sum_{j=c}^{\infty}\rho^{j-c} + K\frac{\theta r}{c\mu(1-r)}\beta_{c0}\sum_{j=c+1}^{\infty}r^k\rho^{j-c-1-k}$$

$$= K\beta_{c1}\frac{1}{1-\rho} + K\beta_{c0}\frac{1}{1-\rho}\frac{\theta r}{c\mu(1-r)^2}$$

$$= \frac{\sigma}{1-\rho}K$$

由此可表示出 Q_c 的分布：

$$P\{Q_c = j\} = P\{L_v = j+c \mid L_v \geqslant c,\ J=1\}$$

$$= \frac{1-\rho}{\sigma}\left\{\beta_{c1}\rho^j + \beta_{c0}\frac{\theta r}{c\mu(1-r)}\sum_{k=0}^{j-1}r^k\rho^{j-1-k}\right\},\ j\geqslant 0 \qquad (10-18)$$

对上式取母函数，得：

$$Q_{c0}(z) = \sum_{j=0}^{\infty}z^j P\{Q_c = j\}$$

$$= \frac{1-\rho}{1-z\rho}\frac{1}{\sigma}\left\{\beta_{c1} + \frac{\theta r}{c\mu(1-r)}\beta_{c0}\frac{1}{1-zr}\right\} = Q_0(z)Q_d(z)$$

展开母函数（10-17）可得：

$$P\{Q_d = j\} = \begin{cases} \dfrac{1}{\sigma}\left[\beta_{c1} + \dfrac{\theta r}{c\mu(1-r)}\beta_{c0}\right],\ j=0 \\[4mm] \dfrac{1}{\sigma}\dfrac{\theta r}{c\mu(1-r)}\beta_{c0}r^j,\ j\geqslant 1 \end{cases}$$

这表明附加队长以概率 $\sigma^{-1}\beta_{c1}$ 等于 0，而以概率 $\dfrac{1}{\sigma}\dfrac{\theta r}{c\mu(1-r)}\beta_{c0}$ 服从参数为 r 的几何分布。

对虚拟机的资源分配请求的等待时间有类似的随机分解，令 $W_c = \{W \mid L_v \geqslant c,\ J=1\}$ 表示用户服务请求到达时恰好没有空闲可以立即提供服务的物理机所需的等待时间。在经典 $M/M/c$ 排队中对应的条件等待时间 W_0 服从参数 $c\mu(1-\rho)$ 的指数分布，有拉普拉斯-斯蒂阶变换（Laplace-Stieltjes Transform，LST）：

$$\varpi_0^*(s) = \frac{c\mu(1-\rho)}{s + c\mu(1-\rho)}$$

定理 10.5 W_c 可以分解为两个独立随机变量之和，即 $W_c = W_0 + W_d$，W_0 服从参数 $c\mu(1-\rho)$ 的指数分布；附加延迟 W_d 有 LST：

$$\varpi_d^*(s) = \frac{1}{\sigma}\left\{\beta_{c1} + \frac{\theta r}{c\mu(1-r)}\beta_{c0}\frac{s+c\mu}{s+c\mu(1-r)}\right\} \quad (10-19)$$

定理 10.5 又可写成：

$$W_d^*(s) = \frac{1}{\sigma}\left\{\beta_{c1} + \frac{\theta r}{c\mu(1-r)}\beta_{c0} + \frac{\theta r}{c\mu(1-r)^2}\frac{c\mu(1-r)}{s+c\mu(1-r)}\right\} \quad (10-20)$$

这表明附加延迟 W_d 是 0 与参数 $c\mu(1-r)$ 的指数随机变量的混合，在物理机全忙状态下有均值：

$$E(Q_c) = \frac{\rho}{1-\rho} + \frac{1}{\sigma}\frac{\theta r^2}{c\mu(1-r)^3}\beta_{c0} \quad (10-21)$$

$$E(W_c) = \frac{\rho}{c\mu(1-\rho)} + \frac{1}{\sigma}\frac{\theta r^2}{c\mu(1-r)^3}\beta_{c0}\frac{1}{c\mu} = \frac{1}{c\mu}E(Q_c) \quad (10-22)$$

10.3.4 云服务器最优数量

如果在用户服务请求到达时云排队系统中至少有一台空闲的物理服务器，则新到达的用户服务请求任务可以不用排队，直接进入被服务的状态，在这种情况下，响应时间就等同于物理机为其提供服务的时间。云用户请求平均响应时间是衡量云排队系统中云用户所获取的服务质量的重要指标，用户服务请求平均响应时间可以描述为一个云用户服务请求从进入云排队系统开始直至离开云排队系统所花费的平均时间长度，包括在排队系统排队队列中的等待时间与在虚拟机上接受资源配置的服务时间。根据上文得出的公式，可以得出系统达到稳态时排队队长的分布以及用户服务请求得到资源配置的平均等待时间。

系统的服务等级协议的要求可以表示为 (λ, δ, s)，其中 λ 代表的是排队系统的最大用户服务请求到达率，δ 是用户服务请求的最大响应时间，s 满足用户服务请求响应的时间小于 δ 的概率。假设企业定制云数据中心有 100 台同构物理机，系统的服务等级协议要求为 $(4.4, 8, 90\%)$，即最大用户服务请求到达率为 4.4ms^{-1}，用户资源配置请求的最大响应时间不能超过 8 秒，服务等级协议保证率不低于 90%。假定系统的服务速率为 0.2ms^{-1}，休眠参数 θ 为 1.8，根据上文推导出的公式，可以求出处于休假模式的物理机值 d 的最优值为 46.00。此情形下的云中心能效资源管理模型如下：当云服务器资源调度休假排队系统中没有一个等待服务的虚拟机时，其中 46 个物理机同步切换为休假模式，另外 54 个物理机即使系统处于空闲状态也不进行休假，处于活跃状态随时处理用户服务请求；当某次休假时间到了以后，假如云排队系统中有大于 54 个虚拟机在请求资源配置，46 个物理机同步切回活跃状态返回系统，否则原本处于休假的物理机不做调整，仍然处于休假状态。

第11章　企业应用云部署的云中心公平高效资源管理

11.1　云数据中心公平高效资源管理模型

11.1.1　云数据中心虚拟机管理框架

在云计算系统中，虚拟化技术的应用与普及，可以增强云数据中心资源供应的灵活性与可扩展性。应用虚拟化技术可以将一个虚拟机部署进一个或者多个物理机之上，来满足企业应用云部署时云用户对云数据中心资源配置的多样化需求，同时，一个物理机上可以部署一个或多个虚拟机，从而更加合理地利用物理机的剩余资源，提升其利用率并降低云数据中心能耗。图 11-1 描述了云数据中心虚拟机公平高效资源管理框架。

如图 11-1 所示，VM 监视器相当于一个管理者，它时刻监视着硬件层向应用服务层提供的物理资源映射，从而实现企业多类型应用在云中的高效部署。通常情况下，为了提升云计算系统资源的使用率，系统会根据以往的经验设置好一个资源的最大阈值与最小阈值，当资源使用率小于设定好的最小阈值时，这台物理机就会切换成休假模式或者关闭状态来节省能源的消耗；当资源使用率大于设定好的资源最大阈值时，就不再给这台物理机部署新的虚拟机从而来避免过载情形下服务性能水平有所下降的问题。资源调度器的任务就是解决应用服务的需求与虚拟机资源的匹配问题，将虚拟机部署在合适的物理机上。由第 10 章可以得出在某个特定的企业定制云数据中心内，处于活跃状态的物理服务器的数量。本章研究的关键问题则是在有限的物理机资源限制内，如何高效地分配这些物理机的资源，提高资源使用率、降低企业的成本。因此，本章针对这些问题提出了云数据中心公平高效资源管理优化模型并设计了分布式资源公平分配算法。

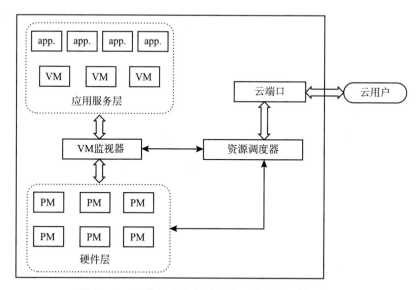

图 11 - 1　云数据中心虚拟机公平高效资源管理框架

资料来源：Sun W，Wang Y，Li S. An Optimal Resource Allocation Scheme for Virtual Machine Placement of Deploying Enterprise Applications into the Cloud ［J］. AIMS Mathematics，2020，5（4）：3966 - 3989.

11.1.2　云数据中心资源管理模型构建

考虑在企业定制的云数据中心中有许多物理机，通过特定的资源配置方案将多个虚拟机合理地部署在最合适的物理机中，使物理机的资源能够得到较充分的使用。通过云计算的虚拟化技术，一个虚拟机能够在同一时刻使用多个物理机提供的资源配置，并且不是独占某个物理机的资源，物理机中的资源通常情况下都没有被用完，还可以将剩余的资源分给另外的虚拟机。同时，一个物理机的资源可以用来部署多个虚拟机，为多个虚拟机配置资源。

假设企业用户将应用程序部署进定制云时，应用程序的集合表示为 S，元素表示为各个应用 $s \in S$。应用程序包含了多个组件，组成应用的组件集合为 R，元素是各个组件 $r \in R$。每台虚拟机运行应用程序的一个组件，以虚拟机为粒度共享物理机的资源。物理机的集合表示为 P，元素表示为各个物理机 $p \in P$。

$R(s)$ 为应用 s 的组件的集合。应用程序 $s \in S$ 使用的物理机的集合表示为 $P(s)$，而使用某个物理机 $p \in P$ 的应用程序的集合表示为 $S(p)$。定义 x_{sr}^p（$x_{sr}^{\min} \leqslant x_{sr}^p \leqslant x_{sr}^{\max}$）是物理机 p 为应用程序 s 的组件 r 分配的资源，同时分配给各个应用的资源的总和不能超过物理机的具体资源容量 C_p。而对于某个应用程序 s 来说，其获取的资源分配值 y_s 是物理机为其配置的资源 x_{sr}^p 的总和，即 $y_s = \sum_{r \in R(s)} \sum_{p \in P(s)} x_{sr}^p$，并且 y_s 满足 $y_s^{\min} \leqslant y_s \leqslant y_s^{\max}$ 的约束，其中 $y_s^{\min}$ 与 $y_s^{\max}$ 是该应用程序应当满足的最低资源值和最高资源值。$U_s(y_s)$ 是企业用户在云中部署应用程序 s 的效用函数，是关于应用程序所取得的资源分配 y_s 的单调递增函数。

虚拟机资源分配的目标是使得合适数量的物理机的资源得到最大限度的有效利用，为此构建了云数据中心虚拟机资源管理优化模型如下：

$$
\begin{aligned}
&\max \sum_{s \in S} U_s(y_s) \\
&\text{subject to} \quad \sum_{r \in R(s)} \sum_{p \in P(s)} x_{sr}^p = y_s, \ \forall s \in S \\
&\qquad\qquad\quad \sum_{r \in R(s)} \sum_{s \in S(p)} x_{sr}^p \leqslant C_p, \ \forall p \in P \\
&\text{over} \qquad\quad x_{sr}^{\min} \leqslant x_{sr}^p \leqslant x_{sr}^{\max}, \ r \in R, \ s \in S, \ p \in P
\end{aligned}
\tag{11-1}
$$

对企业定制云中虚拟机资源配置的公平性问题，考虑下列效用函数（Song et al.，2014）：

$$
U_s(y_s) = w_s \log y_s \tag{11-2}
$$

其中，w_s 是企业为了取得相应的资源分配而愿意给出的支付意愿。

11.1.3 云数据中心资源管理模型分析

对于本章提出的资源管理优化模型（11-1）与所对应的效用函数（11-2），目标函数对于 y_s 来说是严格意义上的凸函数，而对于 x_{sr}^p 并不是严格意义上的凸函数。在线性约束的条件下，该资源优化分配问题的约束集是一个凸集。通过凸优化理论能够推论出定理11.1。

定理11.1 当企业定制云用户在完成应用程序云端部署时效用函数为式（11-2），那么，虚拟机资源管理优化模型（11-1）就是一个凸优化的问题，每个应用程序获取的最优的资源配置值 $x^* = (x_{sr}^{p*}, r \in R, s \in S, p \in P)$ 存在但是并不唯一，每个应用程序所获取的总最优资源配置值 $y^* = (y_s^*, s \in S)$ 存在并且也是唯一的。

为了得到虚拟机资源配置模型的最优解，引入如下拉格朗日函数。

$$L(x, y; \lambda, \mu) = \sum_{s \in S} \left(U_s(y_s) + \lambda_s \left(\sum_{r \in R(s)} \sum_{p \in P(s)} x_{sr}^p - y_s \right) \right)$$
$$+ \sum_{p \in P} \mu_p \left(C_p - \sum_{r \in R(s)} \sum_{s \in S(p)} x_{sr}^p \right) \tag{11-3}$$

其中，拉格朗日因子 $\lambda = (\lambda_s, s \in S)$ 是企业定制云用户获取每单位计算资源而支付的费用，拉格朗日因子 $\mu = (\mu_p, p \in P)$ 是物理机收取的每单位计算资源的费用。

式（11-3）也可以写成以下形式：

$$L(x, y; \lambda, \mu) = \sum_{s \in S} (U_s(y_s) - \lambda_s y_s) + \sum_{p \in P} \sum_{r \in R(s)} \sum_{s \in S(p)} x_{sr}^p(\lambda_s - \mu_p) + \sum_{p \in P} \mu_p C_p$$
$$\tag{11-4}$$

可以注意到式（11-4）中第一个式子是关于 y_s 的式子，第二个式子是关于 x_{sr}^p 的式子，那么原问题的对偶问题的目标函数可以写成如下形式：

$$D(\lambda, \mu) = \max_{x,y} L(x, y; \lambda, \mu) = \sum_{s \in S} S_s(\lambda_s) + \sum_{p \in P} \sum_{s \in S(p)} \sum_{r \in R(s)} P_{ps}(\lambda_s, \mu_p) + \sum_{p \in P} \mu_p C_p$$

其中，

$$S_s(\lambda_s) = \max_{y_s} U_s(y_s) - \lambda_s y_s \tag{11-5}$$

$$P_{ps}(\lambda_s, \mu_p) = \max_{x_{sr}^p} x_{sr}^p(\lambda_s - \mu_p) \tag{11-6}$$

式（11-5）中，企业定制云用户在应用程序云部署时希望最大化自己的效用，这取决于取得的总资源分配值 y_s，λ_s 为每单位资源的使用价格，$\lambda_s y_s$ 为该企业用户为其应用程序云部署而给出的总费用。式（11-6）中，应用程序 s 的组件 r 从物理机 p 处取得的资源配置值为 x_{sr}^p，$x_{sr}^p \lambda_s$ 是企业定制云用户为其应用程序 s 在云中部署所支付给物理机 p 的费用，μ_p 表示物理机提供每单位资源时收取的价格，$x_{sr}^p \mu_p$ 为物理机 p 分配的资源值 x_{sr}^p 的成本，因此式（11-6）表示物理机最大化自己的收益。

由此得到虚拟机资源分配问题的对偶问题为：

$$\max D(\lambda, \mu) \tag{11-7}$$
$$\text{subject to } \lambda_s \geqslant 0, \ \mu_p \geqslant 0, \ s \in S, \ p \in P$$

云数据中心虚拟机资源管理优化的原问题（11-1）是在企业定制云数据中心物理机资源有限度的条件下，最大化部署进云端的企业应用程序的聚合效用，而其对偶问题（11-7）则是最小化云计算数据中心的整体价格。

为了得到应用部署进云时虚拟机的最优资源分配，令 $(x^*, y^*, \lambda^*, \mu^*)$ 为原问题与对偶问题的最优解，令 $\dfrac{\partial L(x, y; \lambda, \mu)}{\partial y_s} = 0$，得到：

$$y_s^* = \frac{w_s}{\lambda_s} \tag{11-8}$$

将式（11-8）代入式（11-3），可得：

$$\hat{L}(x; \lambda, \mu) = \sum_{s \in S} \left(U_s\left(\frac{w_s}{\lambda_s}\right) - \lambda_s \frac{w_s}{\lambda_s} + \lambda_s \sum_{r \in R(s)} \sum_{s \in S(p)} x_{sr}^p \right) + \sum_{p \in P} \mu_p \left(C_p - \sum_{r \in R(s)} \sum_{s \in S(p)} x_{sr}^p \right) \tag{11-9}$$

令 $\dfrac{\partial \hat{L}(x; \lambda, \mu)}{\partial \lambda_s} = 0$，可得：

$$\lambda_s^* = \frac{w_s}{\displaystyle\sum_{r \in R(s)} \sum_{p \in P(s)} x_{sr}^p} \tag{11-10}$$

将式（11-10）代入式（11-9），可得：

$$\bar{L}(x; \mu) = w_s \log\left(\sum_{r \in R(s)} \sum_{s \in S(p)} x_{sr}^p \right) + \sum_{p \in P} \mu_p \left(C_p - \sum_{r \in R(s)} \sum_{s \in S(p)} x_{sr}^p \right) \tag{11-11}$$

假设应用的组件所对应的虚拟机获得一定数量的资源分配，即 $x_{sr}^p > 0$，令 $\dfrac{\partial \bar{L}(x; \mu)}{\partial x_{sr}^p} = 0$，可得：

$$y_s^* = \sum_{r \in R(s)} \sum_{p \in P(s)} x_{sr}^p = \frac{w_s}{\mu_p}, \ p \in P(r), \ r \in R(s) \tag{11-12}$$

定理 11.2　对于虚拟机资源管理优化模型（11-1），如果应用 s 分别从两个物理机处获得非零的资源分配，则每个物理机收取的价格是相同的，同时也与企业用户为其应用部署进云而支付的价格相同，即若 $x_{sr}^{p_1*} > 0$ 且 $x_{sr}^{p_2*} > 0$，$p_1, p_2 \in P(s)$，则存在 $\mu_{p_1}^* = \mu_{p_2}^* = \lambda_s^*$。实际上，

$$\mu_{p_1}^* = \mu_{p_2}^* = \frac{w_s}{\displaystyle\sum_{r \in R(s)} \sum_{p \in P(s)} x_{sr}^{p*}} = \lambda_s^* \tag{11-13}$$

因此，可以由 P 与 S 构建组成一个无向连通图，每条边代表了物理机与应

用程序之间的关系，说明物理机为该应用程序提供资源。若图是全连通的，则 $\mu_{p_1} = \mu_{p_2} = \mu$；否则，可以分成多个连通子图分别进行分析。

以下讨论中，不妨假设 $\mu_{p_1} = \mu_{p_1} = \mu$。令 $\dfrac{\partial \bar{L}(x; \ \mu)}{\partial \mu} = 0$，可得：

$$\mu^* = \frac{\displaystyle\sum_{s \in S} w_s}{\displaystyle\sum_{p \in P} C_p} \qquad (11-14)$$

将式（11-14）代入式（11-12），得：

$$y_s^* = \sum_{r \in R(s)} \sum_{p \in P(s)} x_{sr}^p = w_s \frac{\displaystyle\sum_{p \in P} C_p}{\displaystyle\sum_{s \in S} w_s} \qquad (11-15)$$

通过式（11-12）和式（11-15）可得 $\lambda_s^* = \mu^*$，$s \in S$。由式（11-15）可以发现，企业应用程序在进行云部署时，各个应用程序的组件所在的虚拟机得到的最优资源配置值取决于用户为该应用程序提供的支付 w_s，以及所使用到的物理机所能提供的资源容量 C_p。同时还可以看出，每个应用程序的组件所在的虚拟机取得的总资源配置值是唯一的，这与定理 11.1 所表述的内容是一致的。此外，根据用户对资源配置的不同需求，还可以通过选择其他形式的效用函数，实现不同类型的资源配置目标。

11.2　云数据中心资源分配算法

11.2.1　算法描述

为了实现将应用程序部署进企业定制云时，各个应用程序的组件所在的虚拟机能够获得最优的资源配置，提出如下的虚拟机资源配置算法：

$$\frac{d}{dt} x_{sr}^p(t) = \theta x_{sr}^p(t) (\lambda_s(t) - \xi_p(t))_{x_{sr}^p(t) - \varepsilon}^+ \qquad (11-16)$$

$$\xi_p(t) = \frac{\displaystyle\sum_{j \in S(p)} \sum_{i \in R(j)} x_{ji}^p(t) \lambda_j(t)}{C_p} \qquad (11-17)$$

企业定制云用户在进行应用程序云部署时支付的每单位资源价格为：

$$\lambda_s(t) = \frac{w_s}{\max\{\eta, y_s(t)\}} \tag{11-18}$$

$$y_s(t) = \left\{ y_s^{\max}, \max\left\{ \sum_{r \in R(s)} \sum_{p \in P(s)} x_{sr}^p(t), y_s^{\min} \right\} \right\} \tag{11-19}$$

其中，$a = (b)_c^+$ 表示若 $c > 0$，则 $a = b$，若 $c = 0$，则 $a = \max\{0, b\}$。$\theta > 0$ 是算法的步长，$\varepsilon > 0$，$\eta > 0$ 是一个很小的常量，来保证资源配置值 x_{sr}^p 不低于 ε 和企业应用程序云部署所支付的单位价格 $\lambda_s(t)$ 不高于 $\dfrac{w_s}{\eta}$。在上述算法中，$\xi_p(t)$ 可视为物理机在供应资源时所期望的价格，在平衡点处物理机的期望价格将等于用户的实际支付价格。

11.2.2　算法性能分析

接下来考虑算法（11-16）至算法（11-19）的平衡点并分析其收敛性。将式（11-17）代入式（11-16），并令式（11-16）为零，可以得到：

$$\lambda_s^* = \frac{\displaystyle\sum_{j \in S(p)} \sum_{i \in S(p)} x_{ji}^{p*} \lambda_j^*}{C_p} \tag{11-20}$$

同时，通过式（11-18）和式（11-19），在均衡点有：

$$\lambda_s^* = \frac{w_s}{y_s^*} = \frac{w_s}{\displaystyle\sum_{r \in R(s)} \sum_{p \in P(r)} x_{sr}^{p*}} \tag{11-21}$$

$$\sum_{p \in P} C_p = \sum_{p \in P} \frac{\displaystyle\sum_{j \in S(p)} \sum_{i \in R(s)} x_{ji}^{p*} \lambda_j^*}{\lambda_s^*} = \frac{\displaystyle\sum_{p \in P} \sum_{j \in S(p)} \sum_{i \in R(j)} x_{ji}^{p*} \lambda_j^*}{\lambda_s^*}$$

$$\underline{\underline{(\,\mathrm{I}\,)}} \frac{y_s^*}{w_s} \sum_{j \in S} \lambda_j^* \sum_{i \in R(j)} \sum_{p \in P(i)} x_{ji}^{p*} \underline{\underline{(\,\mathrm{II}\,)}} \frac{y_s^*}{w_s} \sum_{j \in S} w_j$$

其中，（Ⅰ）和（Ⅱ）都是由式（11-21）得到。因此，

$$y_s^* = w_s \frac{\displaystyle\sum_{p \in P(s)} C_p}{\displaystyle\sum_{j \in S} w_j} \tag{11-22}$$

同时，每个应用程序在获取单位资源时的所支付的价格都是相等的，即，

$$\lambda_s^* = \frac{\displaystyle\sum_{j \in S} w_j}{\displaystyle\sum_{p \in P(s)} C_p} \tag{11-23}$$

因此，该平衡点恰好就是资源分配模型的最优点。同时，还可发现，在平衡点处

$$\sum_{s \in S(p)} \sum_{r \in R(s)} x_{sr}^{p\,*} = C_p \qquad (11-24)$$

物理机为部署进云的企业应用的虚拟机分配的资源之和恰好是该物理机的资源容量，这也说明在算法所描述的动态系统的均衡状态下，能够更加充分地提升物理机资源的使用率。

由上述分析得到，算法所描述的动态系统式（11-16）至式（11-19）的平衡点与资源分配问题（11-1）的最优资源分配是一致的。基于李雅普诺夫稳定性理论中的连续动态系统的渐近稳定性，可得到定理 11.3。

定理 11.3　算法描述的动态系统式（11-16）至式（11-19）的平衡点式（11-22）、式（11-23）是渐近稳定的。因此，沿着式（11-16）至式（11-19）的所有轨迹最终收敛到资源分配问题（11-1）的最优点。

证明：定义如下的李雅普诺夫函数：

$$V(t) = V_1(t) + V_2(t) = \sum_{s \in S} \int_{y_s(t)}^{y_s^*} \left(\frac{w_s}{\nu} - \lambda^* \right) d\nu + \sum_{p \in P} \lambda^* \left(C_p - \gamma_p(t) \right)$$

其中，$\gamma_p(t) = \sum_{s \in S(p)} \sum_{r \in R(s)} x_{sr}^p(t)$，$p \in P$，$\lambda^* = \lambda_s^*$，$\forall s \in S$。

因为 $y_s(t) \geq 0$，$y_s^* \geq 0$，所以李雅普诺夫函数的第一项 $V_1(t)$ 中，

$$\int_{y_s(t)}^{y_s^*} \left(\frac{w_s}{\nu} - \lambda^* \right) d\nu = w_s(\log y_s^* - \log y_s(t)) - \lambda^*(y_s^* - y_s(t))$$

$$= w_s\left(\frac{y_s(t)}{y_s^*} - 1 - \log \frac{y_s(t)}{y_s^*} \right) \geq 0$$

所以 $V_1(t) \geq 0$，当且仅当 $y_s(t) = y_s^*$ 时 $V_1(t) = 0$，即在平衡点处 $V_1(t) = 0$。第二项中，由于 $\gamma_p(t) = \sum_{s \in S(p)} \sum_{r \in R(s)} x_{sr}^p \leq C_p$，则 $V_2(t) \geq 0$，当且仅当 $\gamma_p(t) = \sum_{s \in S(p)} \sum_{r \in R(s)} x_{sr}^{p\,*} = C_p$ 时 $V_2(t) = 0$，即在平衡点处 $V_2(t) = 0$。

李雅普诺夫函数 $V(t)$ 沿着算法描述的动态系统式（11-16）至式（11-19）的导数曲线为

$$\frac{dV(t)}{dt} = \sum_{s \in S} \frac{\partial V(t)}{\partial y_s(t)} \frac{dy_s(t)}{dt} + \sum_{p \in P} \frac{\partial V(t)}{\partial \gamma_p(t)} \frac{d\gamma_p(t)}{dt}$$

$$
= -\sum_{s \in S}\left(\frac{w_s}{y_s(t)} - \lambda^*\right)\sum_{r \in R(s)}\sum_{p \in P(r)}\frac{\mathrm{d}x_{sr}^p(t)}{\mathrm{d}t} - \sum_{p \in P}\lambda^*\sum_{s \in S(p)}\sum_{r \in R(s)}\frac{\mathrm{d}x_{sr}^p(t)}{\mathrm{d}t}
$$

$$
= -\sum_{s \in S}(\lambda_s(t) - \lambda^*)\sum_{r \in R(s)}\sum_{p \in P(r)}\frac{\mathrm{d}x_{rs}^p(t)}{\mathrm{d}t} - \sum_{p \in P}\lambda^*\sum_{s \in S(p)}\sum_{r \in R(s)}\frac{\mathrm{d}x_{rs}^p(t)}{\mathrm{d}t}
$$

$$
= -\sum_{s \in S}\sum_{r \in R(s)}\sum_{p \in P(r)}\theta\lambda_s(t)x_{sr}^p(t)\left(\lambda_s(t) - \frac{\sum_{j \in S(p)}\sum_{i \in R(j)}x_{ji}^p(t)\lambda_j(t)}{C_p}\right)
$$

$$
= -\sum_{s \in S}\sum_{r \in R(s)}\sum_{p \in P(r)}\theta\lambda_s^2(t)x_{rs}^p(t) + \sum_{s \in S}\sum_{r \in R(s)}\sum_{p \in P(r)}\theta\frac{\lambda_s(t)x_{rs}^p(t)}{C_p}\sum_{j \in S(p)}\sum_{i \in R(j)}x_{ji}^p(t)\lambda_j(t)
$$

$$
= -\sum_{s \in S}\sum_{r \in R(s)}\sum_{p \in P(r)}\theta\lambda_s^2(t)x_{sr}^p(t)\left(1 - \frac{x_{sr}^p(t)}{C_p}\right)
$$

$$
+ \sum_{s \in S}\sum_{r \in R(s)}\sum_{p \in P(r)}\theta\frac{x_{sr}^p(t)\lambda_s(t)}{C_p}\sum_{j \in S(p)\setminus\{s\}}\sum_{i \in R(j)}x_{ji}^p(t)\lambda_j(t)
$$

在上述函数中的第一项中添加

$$
\sum_{s \in S}\sum_{r \in R(s)}\sum_{p \in P(r)}\theta\lambda_s^2(t)x_{sr}^p(t)\frac{1}{C_p}\sum_{j \in S(p)\setminus\{s\}}\sum_{i \in R(j)}x_{sr}^p(t)
$$

并在第二项中减去该部分，则得到：

$$
\frac{\mathrm{d}V(t)}{\mathrm{d}t} = -\sum_{s \in S}\sum_{r \in R(s)}\sum_{p \in P(r)}\theta\lambda_s^2(t)x_{sr}^p(t)\left(1 - \frac{\sum_{j \in S(p)}\sum_{i \in R(j)}x_{ji}^p(t)}{C_p}\right)
$$

$$
+ \sum_{s \in S}\sum_{r \in R(s)}\sum_{p \in P(r)}\sum_{j \in S(p)\setminus\{s\}}\sum_{i \in R(j)}\frac{\theta}{C_p}(x_{sr}^p(t)\lambda_s(t)x_{ji}^p(t)\lambda_j(t) - \lambda_s^2(t)x_{sr}^p(t)x_{ji}^p(t))
$$

因此，

$$
\frac{\mathrm{d}V(t)}{\mathrm{d}t} = -\sum_{s \in S}\sum_{r \in R(s)}\sum_{p \in P(r)}\theta\lambda_s^2(t)x_{sr}^p(t)\left(1 - \frac{\sum_{j \in S(p)}\sum_{i \in R(j)}x_{ji}^p(t)}{C_p}\right)
$$

$$
+ \sum_{s \in S}\sum_{r \in R(s)}\sum_{p \in P(r)}\sum_{j \in S(p)\setminus\{s\}}\sum_{i \in R(j)}\frac{\theta x_{sr}^p(t)x_{ji}^p(t)}{2C_p}(\lambda_s(t) - \lambda_j(t))^2
$$

由于 $\sum_{j \in S(p)}\sum_{i \in R(j)}x_{ji}^p \leqslant C_p$，$p \in P$，并且 $\frac{\mathrm{d}V(t)}{\mathrm{d}t} = 0$ 当且仅当在平衡点处（即

$\lambda_s(t) = \lambda_j(t) = \lambda^*$），$\sum_{j \in S(p)}\sum_{i \in R(j)}x_{ji}^{p*} = C_p$ 满足 $\frac{\mathrm{d}V(t)}{\mathrm{d}t} \leqslant 0$。由李雅普诺夫提出的稳

定性定理可知，整个系统逐渐趋近于该平衡点，也就是说，任何沿着该动态系统的曲线最终都可以收敛到该系统平衡点。定理得证。

11.2.3　算法实施

在算法具体实施中，根据算法的离散形式更新其资源分配。也就是说，在时间 $t = 1$，$2\cdots$ 时，每个物理机 p 根据下述表达式更新其资源分配。

$$x_{sr}^p(t+1) = ((1-\zeta)x_{sr}^p(t) + \zeta\tilde{x}_{sr}^p(t) + \zeta\theta x_{sr}^p(t)(\lambda_s(t) - \xi_p(t)))_{x_{sr}^p(t)-\varepsilon}^+$$

$$(11-25)$$

$$\tilde{x}_{sr}^p(t+1) = (1-\zeta)\tilde{x}_{sr}^p(t) + \zeta x_{sr}^p(t) \qquad (11-26)$$

$$\xi_p(t) = \frac{\sum_{j\in S(p)}\sum_{i\in R(j)} x_{ji}^p(t)\lambda_j(t)}{C_p} \qquad (11-27)$$

在这里，引入了增广变量 $\tilde{x}_{sr}^p(t)$，它被认为是资源 $x_{sr}^p(t)$ 的最优分配估计。因此，可以在原算法中加入一个低通滤波方案，其中 ζ 是低通滤波参数。由于模型不是严格的凸优化，资源的最优分配不一定是唯一的，由此可带来的算法波动现象。通过低通滤波可以消除这种波动现象。

每个应用支付的价格取决于以下公式：

$$\lambda_s(t) = \frac{w_s}{\max\{\eta,\ y_s(t)\}} \qquad (11-28)$$

$$y_s(t) = \min\{y_s^{\max}, \max\{\sum_{r\in R(s)}\sum_{p\in P(s)} x_{sr}^p(t),\ y_s^{\min}\}\} \qquad (11-29)$$

算法的具体实施步骤如下。

步骤 1：初始化变量和参数。选择迭代步长参数 θ 和正常数 ε，η。在 t 时刻，初始化物理机 p 为应用程序 s 的组件 r 所部署的虚拟机配置资源值 $x_{sr}^p(t)$。

步骤 2：计算应用程序在获取资源分配时应当支付给物理机的价格。在时间 t，应用程序 s 的组件 r 从所有可提供资源配置的物理机处所得到资源分配值 $y_s(t)$，计算使用单位资源应当给出的支付价格 $\lambda_s(t)$。若此时达到最优解，则算法终止，否则进入下一步。

步骤 3：计算物理机的期望价格。在 t 时刻，物理机 p 计算其提供单位资源配置所期望收取的价格 $\xi_p(t)$。

步骤 4：更新资源分配。在 $t+1$ 时刻，物理机 p 更新其提供给应用程序 s 的组件 r 的资源配置值 $x_{sr}^p(t+1)$。

步骤5：更新支付价格。在 $t+1$ 时刻，更新应用程序 s 使用单位资源而应支付的价格 $\lambda_s(t+1)$。

在每次迭代中，每个应用程序分别计算其获取资源配置值的支付价格，并将价格反馈给资源调度器。每个物理机根据应用程序所给出的支付价格更新其资源配置。

上述的迭代过程重复进行，直到达到平衡点。

算法的流程如图 11 - 2 所示。

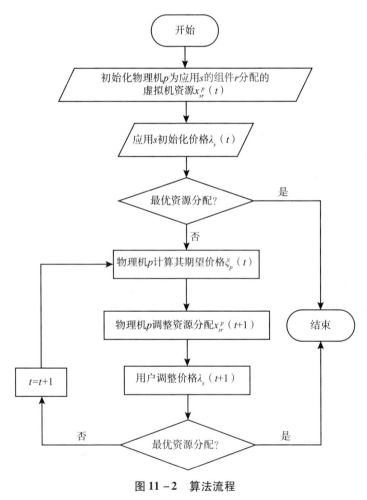

图 11 - 2 算法流程

资料来源：Sun W，Wang Y，Li S. An Optimal Resource Allocation Scheme for Virtual Machine Placement of Deploying Enterprise Applications into the Cloud [J]. AIMS Mathematics，2020，5（4）：3966 - 3989.

11.3　云数据中心资源管理模型进一步讨论

11.3.1　效用函数讨论

针对资源分配模型（11-1），引入如下的效用函数（Sun et al.，2020）：

$$U_s(y_s) = \begin{cases} w_s \log y_s, & \alpha = 1 \\ w_s \dfrac{y_s^{1-\alpha}}{1-\alpha}, & \alpha > 0 \text{ 且 } \alpha \neq 1 \end{cases} \qquad (11-30)$$

（1）当选择 $\alpha = 0$ 时，资源分配目标为 $\max \sum\limits_{s:s \in S} w_s y_s$，效用函数为 $U_s(y_s) = w_s y_s$，此时，具有较高支付意愿的应用程序优先被服务。

（2）当选择 $\alpha = 1$ 时，资源分配目标为 $\max \sum\limits_{s:s \in S} w_s \log y_s$，效用函数为 $U_s(y_s) = w_s \log y_s$，此时表示的是各个应用程序之间的资源配置比例的公平性问题。

（3）当选择 $\alpha = 2$ 时，资源分配目标为 $\max \sum\limits_{s:s \in S} -\dfrac{w_s}{y_s}$，或者等价于 $\min \sum\limits_{s:s \in S} \dfrac{w_s}{y_s}$，效用函数为 $U_s(y_s) = -\dfrac{w_s}{y_s}$，此时是应用程序之间资源配置的调和平均公平性问题。

（4）当选择 $\alpha = \infty$ 时，资源分配目标为 $\max \min\limits_{s:s \in S} y_s \mid m_s$，效用函数是 $U_s(y_s) = \lim\limits_{\alpha \to \infty} \dfrac{w_s y_s^{1-\alpha}}{1-\alpha}$，其中，$m_s$ 是应用程序期望得到的资源分配阈值（即 $y_s \geqslant m_s$），此时是应用程序之间资源配置的最大最小公平性问题。这种情形下，系统将会优先为那些对资源分配需求相对较小的应用程序提供服务，其次在满足这些应用程序需求的前提条件下，再尽可能地实现剩余未被使用的资源的公平配置。

11.3.2　资源分配算法

当考虑上述效用函数时，为了实现各个封装应用程序的虚拟机能够达到最优的资源配置，提出如下虚拟机资源分配算法：

$$\frac{d}{dt}x_{sr}^{p}(t) = \theta x_{sr}^{p}(t)(\lambda_{s}^{\frac{1}{\alpha}}(t) - \xi_{p}(t))_{x_{sr}^{p}(t) - \varepsilon}^{+} \qquad (11-31)$$

$$\xi_{p}(t) = \frac{\sum_{j \in S(p)} \sum_{i \in R(j)} x_{ji}^{p}(t) \lambda_{j}^{\frac{1}{\alpha}}(t)}{C_{p}} \qquad (11-32)$$

$$\lambda_{s}(t) = \frac{w_{s}}{\max\{\eta, y_{s}^{\alpha}(t)\}} \qquad (11-33)$$

$$y_{s}(t) = \min\{y_{s}^{\max}, \max\{\sum_{r \in R(s)} \sum_{p \in P(s)} x_{sr}^{p}(t), y_{s}^{\min}\}\} \qquad (11-34)$$

其中，式（11-33）是企业定制云用户在进行应用程序云部署时支付的每单位资源价格。$a = (b)_{c}^{+}$ 表示：如果 $c > 0$，则 $a = b$；如果 $c = 0$，则 $a = \max\{0, b\}$。$\theta > 0$ 是算法的步长，$\varepsilon > 0$，$\eta > 0$ 是很小的常量，来保证物理机提供的资源 x_{sr}^{p} 不低于 ε，价格 $\lambda_{s}(t)$ 不高于 $\frac{w_{s}}{\eta}$。在上述算法中，$\xi_{p}(t)$ 可视为物理机提供资源时所期望获得的价格支付，在平衡点处物理机的期望价格将等于用户的实际支付价格。

11.4 仿真实验与性能分析

本节分析用于虚拟机放置的资源分配方案的性能。首先考虑一个简单的场景，讨论资源分配方案的性能，然后进一步研究大规模场景中的性能。

11.4.1 小规模数据中心场景

本节将对提出的企业定制云虚拟机资源分配算法在小规模场景下的性能进行分析。云计算环境中的资源分配从本质上来说是一种服务，衡量这些服务的指标通常包括响应时间、资源分配量、性能表现等。为了使服务质量有所保证，企业用户和云服务供给商之间通常以协议的形式来直观地表示双方希望达成的服务质量水平。在现实场景中，由于不同的应用程序对于响应时间和资源配置有不同要求，这里使用常用的服务等级协议计算方式，表示如下：

$$assignedCPU/MEM(app_{i}, t) \geqslant SLA_{i}$$

这个公式表明，在时间 t 内，分配给应用程序 i 的 CPU 计算能力和内存容量必须满足其服务等级协议的约定。

考虑一个企业用户将其 4 个应用程序部署到定制云数据中心，其中应用程序 1 和应用程序 3 都只由 1 个组件组成，应用程序 2 和应用程序 4 由 2 个组件组成。应用程序的每个组件都被单独封装到一个虚拟机中。云数据中心有两台物理机器来完成虚拟机的部署。物理机的资源中，CPU 资源相对于内存资源和存储资源更为重要，因此以物理机的 CPU 资源为例来考虑资源分配方案的性能。MIPS 是 CPU 运算速度的指标，表示每秒处理百万单位机器语言指令数。假设物理机的 CPU 的容量大小分别为 $C = (C_1, C_2) = (1600, 3200)$ MIPS，假定服务等级协议要求每个虚拟机所获取的资源都不为 0；企业用户将其应用程序部署进云时支付意愿为 $w = (w_1, w_2, w_3, w_4) = (1000, 1500, 2000, 2500)$。算法中低通滤波参数 $\zeta = 0.2$，常数 $\varepsilon = \eta = 0.001$，算法步长 $\theta = 0.02$。提供的资源分配初始值为 0.1MIPS。系统的目标为企业定制云数据中心的利用率达到最优，实现企业效益最大化，也就是聚合效用值最大。

这里，考虑应用程序云部署的资源分配比例公平性（即 $\alpha = 1$），并在图 11-3 中描述了所提出的资源分配方案的性能。不难发现，资源分配方案可以在一定的迭代次数内收敛到均衡，这也通过定理 11.3 中的理论分析得到了验证。企业用户在放置虚拟机和获取资源时为物理机支付的最优价格如图 11-3 所示。可以发现，它们都等于每个物理机的最优收取价格，这在定理 11.2 中已经讨论过。实际上，从该方案获得的最优价格也等于从式（11-14）导出的值 $\left(\text{即}: \mu^* = \dfrac{\sum\limits_{s \in S} w_s}{\sum\limits_{p \in P} C_p} = 1.4583 \right)$。

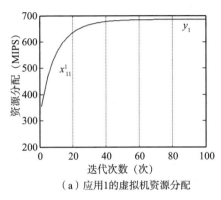

（a）应用 1 的虚拟机资源分配

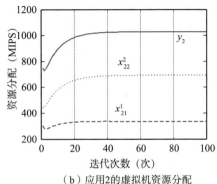

（b）应用 2 的虚拟机资源分配

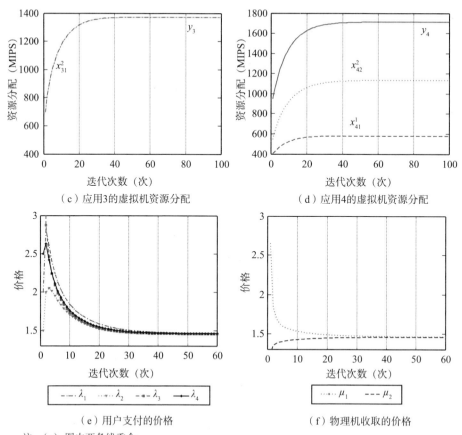

（c）应用3的虚拟机资源分配　　　（d）应用4的虚拟机资源分配

（e）用户支付的价格　　　　　　　（f）物理机收取的价格

注：（c）图中两条线重合。

图11-3　企业应用云部署的公平高效资源分配

资料来源：Sun W，Wang Y，Li S. An Optimal Resource Allocation Scheme for Virtual Machine Placement of Deploying Enterprise Applications into the Cloud［J］. AIMS Mathematics，2020，5（4）：3966-3989.

表11-1　　　　　　**企业应用云部署的虚拟机最优资源分配**　　　　　　单位：MIPS

（a）用户1和用户2的最优资源分配

变量	x_{11}^{1*}	y_1^*	x_{21}^{1*}	x_{22}^{2*}	y_2^*
算法	685.64	685.64	335.30	693.27	1028.57
LINGO	685.71	685.71	239.96	788.61	1028.57

（b）用户3和用户4的最优资源分配

变量	x_{31}^{2*}	y_3^*	x_{41}^{1*}	x_{42}^{2*}	y_4^*
算法	1371.51	1371.51	579.09	1135.20	1714.29
LINGO	1371.43	1371.43	674.32	1039.96	1714.29

资料来源：Sun W，Wang Y，Li S. An Optimal Resource Allocation Scheme for Virtual Machine Placement of Deploying Enterprise Applications into the Cloud［J］. AIMS Mathematics，2020，5（4）：3966-3989.

　　对于该企业应用云部署的虚拟机资源配置模型，根据算法得到的每个应用程序的虚拟机所获取的最优资源配置如表 11 - 1 所示。同时，针对该资源优化配置的问题，利用优化软件 LINGO 得到的最优解也列在了表 11 - 1 中。可以观察到，本章所提出的资源分配算法能够有效地实现企业应用云部署时虚拟机资源的公平高效配置。

　　由结果可以看出，本章提出的虚拟机资源分配算法与 LINGO 非线性规划软件得出的结果大致相同，验证了算法的有效性。由定理 11.1 可以得到，对于每个部署进定制云的应用程序来说，其获取的最优的资源分配值并不是唯一的，但各个应用程序的获取的总的最优资源配置却是唯一的。同时可以看到，$\lambda_1 = \lambda_2 = \lambda_3 = \lambda_4$，验证了定理 11.2 中提出的如果同一应用分别从两个物理机处获得非零的资源分配，则每个物理机收取的价格是相同的，同时也与企业用户为其应用部署进云而支付的价格相同。

　　目前也有利用遗传算法实现云数据中心的虚拟机资源配置优化的方法。例如，使用混合遗传算法的云数据中心节能虚拟机放置方法、使用 PSO 算法实现云数据中心虚拟机布局的资源优化配置等。在基于 PSO 的资源分配算法中，适应度函数可以由资源分配模型的目标及其约束条件形成。基于 PSO 的资源分配算法中，选择算法参数为 $c_1 = c_2 = 2$ 和 $\omega = 1$，从而保障算法的收敛性。为了比较性能，先讨论所提出的资源分配算法的性能，获得不同步长的仿真结果，并在图 11 - 4（a）中进行了描述。

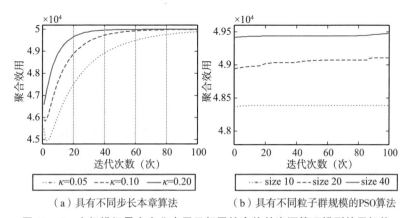

（a）具有不同步长本章算法　　　（b）具有不同粒子群规模的PSO算法

图 11 - 4　小规模场景中企业应用云部署的高能效资源管理模型的目标值

资料来源：Sun W，Wang Y，Li S. An Optimal Resource Allocation Scheme for Virtual Machine Placement of Deploying Enterprise Applications into the Cloud [J]. AIMS Mathematics, 2020, 5 (4): 3966 - 3989.

不难发现，随着所提出算法步长的增加，收敛速度显著提高。事实上，所提出算法的收敛性能主要取决于步长，而不是应用程序或物理机的数量。我们还选择了不同的粒子群大小，并分析了基于 PSO 的资源分配方案的性能，如图 11 - 4 (b) 所示。可以发现，基于 PSO 的算法在开始时收敛更快，但在接近最优值时收敛较慢。同时，随着群规模大小从 10 增加到 40，尽管该方案的收敛速度增加，但在一定的迭代次数内仍然无法有效地收敛到全局最优值。

11.4.2 大规模数据中心场景

根据上面的场景，首先假设这四个应用程序都由两个组件组成。这四个应用程序中的第一个组件被单独封装到驻留在物理机 1 上的虚拟机中，应用程序 1 和应用程序 2 的第二个组件被封装到驻留于物理机 2 上的相应虚拟机中，并且应用程序 3 和应用程序 4 的第二个组件被封装在驻留于物理机器 3 上的虚拟机器中。三台物理机的 CPU 资源容量为 $C = (C_1, C_2, C_3) = (2400, 1600, 1600)$ MIPS，可以完成企业定制云中虚拟机的部署。资源分配算法的参数与上述简单场景中的算法参数相同。仿真结果如图 11 - 5 所示。

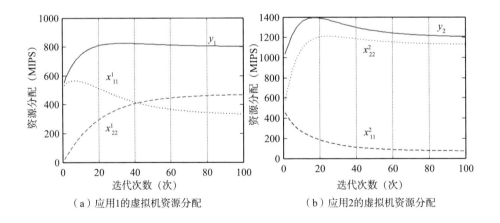

(a) 应用1的虚拟机资源分配　　　　　　　(b) 应用2的虚拟机资源分配

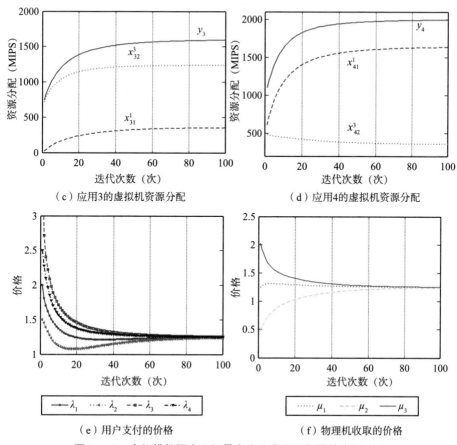

（c）应用3的虚拟机资源分配　　　（d）应用4的虚拟机资源分配

（e）用户支付的价格　　　（f）物理机收取的价格

图 11 – 5　大规模数据中心场景中企业应用云部署的资源分配

资料来源：Sun W，Wang Y，Li S. An Optimal Resource Allocation Scheme for Virtual Machine Placement of Deploying Enterprise Applications into the Cloud ［J］. AIMS Mathematics，2020，5（4）：3966 – 3989.

　　可以观察到，在此场景中，在一定的迭代次数内，本书所提出的资源算法能够有效地实现企业应用云部署时虚拟机的最优资源分配，而且在最优资源分配时，完成应用在虚拟机封装的企业用户支付给物理机的价格与物理机收取的价格是相等的。

　　我们还分析了算法在不同步长下的性能，仿真结果如图 11 – 6（a）所示，所提出算法的收敛速度随着步长的增加而显著提高。同时，我们还研究了不同群大小的基于 PSO 的资源分配方案的性能，仿真结果如图 11 – 6（b）所示。不难发现，仿真结果与图 11 – 4 大致类似，两类算法均是收敛的，不过与我们的方案相比，基于 PSO 的方案一开始收敛更快，但当接近最优值时收敛较慢。

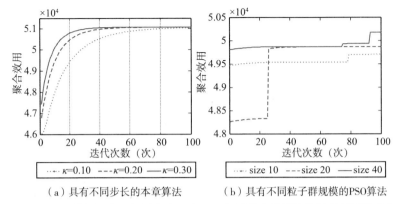

（a）具有不同步长的本章算法　　　（b）具有不同粒子群规模的PSO算法

图11-6　大规模数据中心场景中企业应用云部署的高能效资源管理模型的目标值

资料来源：Sun W，Wang Y，Li S. An Optimal Resource Allocation Scheme for Virtual Machine Placement of Deploying Enterprise Applications into the Cloud［J］. AIMS Mathematics，2020，5（4）：3966-3989.

现在考虑在大规模场景（如大量应用程序和物理机）中，本书所提出的资源分配算法用于云数据中心应用程序虚拟机配置时的性能。这里，假设每个应用程序都由两个组件组成。每个组件都被封装到一个单独的虚拟机中，然后将其放置在云数据中心的物理机中。我们还以物理机器的 CPU 资源为例来研究该算法的性能。每台物理机器的 CPU 资源容量为 1600MIPS。企业应用分成了两类弹性应用和两类非弹性应用，共计四类。资源分配算法具有与上述简单场景相同的参数。图11-7 给出了大规模情景下不同物理机数量时企业应用程序云部署聚合效用的演变曲线。

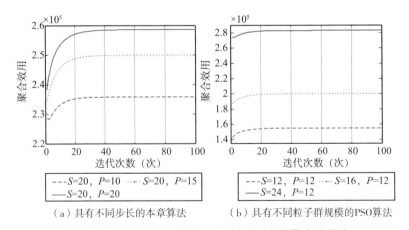

（a）具有不同步长的本章算法　　　（b）具有不同粒子群规模的PSO算法

图11-7　不同物理机数量时企业应用云部署聚合效用值

资料来源：Sun W，Wang Y，Li S. An Optimal Resource Allocation Scheme for Virtual Machine Placement of Deploying Enterprise Applications into the Cloud［J］. AIMS Mathematics，2020，5（4）：3966-3989.

可以观察到，云数据中心中应用程序或物理机器的大小对所提出的资源分配算法的收敛性没有明显影响。最优目标值（即聚合效用）随着应用程序或物理机数量的增加而增加，但在所有情况下，最优值几乎都是在相同或相近的迭代次数（如 100 次迭代）内实现。

参 考 文 献

[1] 陈俊杰，周晖，王伟. 一种低成本的云资源提供算法 [J]. 西安交通大学学报，2017，51（10）：135 – 141.

[2] 丁炜超，顾春华，罗飞. IaaS 云环境下一种基于综合满意度的虚拟机放置策略 [J]. 华东理工大学学报（自然科学版），2018，44（1）：124 – 130.

[3] 冯国富，刘林源，唐明伟. 面向收益最大化的云资源自适应调度 [J]. 小型微型计算机系统，2014，35（8）：1717 – 1721.

[4] 颉斌，杨扬，旷毅. 基于多目标遗传算法的云服务部署优化方法 [J]. 华中科技大学学报（自然科学版），2016，44（S1）：80 – 83.

[5] 敬超，程小辉. 面向云数据中心的虚拟机部署时延优化算法研究 [J]. 计算机应用研究，2017（12）：3792 – 3796.

[6] 李泉林，段灿，鄂成国. 云资源提供商的合作博弈模型与收益分配研究 [J]. 运筹与管理，2014，23（4）：274 – 279.

[7] 李水泉，邓泓. 相对最小执行时间方差的云计算任务调度算法 [J]. 计算机技术与发展，2018，28（7）：34 – 37.

[8] 李世勇，苑凯博，汪栋，等. 企业应用云迁移与部署：现状、挑战与展望 [J]. 管理现代化，2019，39（2）：75 – 78.

[9] 李阳. 云计算中多虚拟机交互的虚拟机部署位置选择策略研究 [D]. 长春：吉林大学，2017.

[10] 师雪霖，徐恪. 云虚拟机资源分配的效用最大化模型 [J]. 计算机学报，2013，36（2）：252 – 262.

[11] 沈张果，楼俊钢，马小龙，等. 一种基于机制理论的云市场多类型资源分配定价机制 [J]. 计算机科学，2014，41（6）：59 – 62，78.

[12] 唐伦，张亚，梁荣，等. 基于网络切片的网络效用最大化虚拟资源分配算法 [J]. 电子与信息学报，2017，39 (8)：1812-1818.

[13] 汤小春，田凯飞，段慧芳. 基于部分异步复制的云服务可靠部署算法研究 [J]. 西北工业大学学报，2017，35 (6)：1054-1058.

[14] 田乃硕. 休假随机服务系统 [M]. 北京：北京大学出版社，2001.

[15] 王晓进. 基于用户期望与云平台效益的云资源调度策略 [D]. 南昌：江西财经大学，2018.

[16] 汪桢. 企业私有云中虚拟机资源优化分配模型与算法研究 [D]. 秦皇岛：燕山大学，2020.

[17] 薛克雷，潘郁，潘芳. 云环境下面向复杂资源需求的虚拟机能效部署研究 [J]. 运筹与管理，2016，25 (2)：143-150.

[18] 殷波，张云勇，房秉毅. 面向成本优化的云计算资源分配方法研究 [J]. 电信科学，2014，30 (11)：22-26.

[19] 苑凯博. 企业应用云部署跨层效用优化与资源分配研究 [D]. 秦皇岛：燕山大学，2020.

[20] 苑迎. 云环境下面向多租赁的虚拟资源分配关键技术研究 [D]. 沈阳：东北大学，2015.

[21] 杨震，崔丙锋，丁炜. 基于定价的网络资源分配策略 [J]. 北京邮电大学学报，2005，28 (4)：1-4.

[22] 张爱科，符保龙. 基于最大收益平衡点动态变化的云资源调度算法 [J]. 重庆邮电大学学报（自然科学版），2014，26 (5)：706-711.

[23] 张悦. 企业弹性应用云迁移的资源分配优化模型与算法研究 [D]. 秦皇岛：燕山大学，2020.

[24] 朱宝珠，刘斌. 考虑低能耗的云计算虚拟机部署方法 [J]. 计算机工程与设计，2017，38 (9)：2319-2322.

[25] 朱华旻，吴礼发，赵鹏. 多云环境的虚拟应用网络部署决策方法研究 [J]. 计算机科学，2017，44 (11A)：286-292，328.

[26] 邹金和. 多目标优化的云资源分配算法研究 [D]. 重庆：重庆邮电大学，2016.

[27] 张小庆，岳强. 协作式云资源博弈分配 [J]. 计算机应用，2014，

34 (7)：1848 – 1851.

［28］郑宇超，夏学文，艾冬梅. 基于队列理论的云资源分配收益最大化算法［J］. 计算机应用与软件，2017，34 (11)：252 – 257.

［29］Abdelsalam H S, Maly K, Kaminsky D, et al. Analysis of Energy Efficiency in Clouds［J］. Computation World, 2009, 38：416 – 422.

［30］Abdi S, Pourkarimi L, Ahmadi M, et al. Cost Minimization for Deadline-constrained Bag-of-tasks Applications in Federated Hybrid Clouds［J］. Future Generation Computer Systems, 2017, 71：113 – 128.

［31］Andreas B, Erol G, Marco D G, et al. Energy Efficient Cloud Computing［J］. Computer Journal, 2009, 53 (7)：1045 – 1051.

［32］Andrikopoulos V, Binz T, Leymann F, et al. How to Adapt Applications for the Cloud Environment Challenges and Solutions in Migrating Applications to the Cloud［J］. Computing：Archives for Informatics and Numerical Computation, 2013, 95 (6)：493 – 535.

［33］Anis Y, Frederik U, Hårek H. Effective Live Migration of Virtual Machines Using Partitioning and Affinity Aware-Scheduling［J］. Computers & Electrical Engineering, 2018, 69：240 – 255.

［34］Ardagna D, Nitto E D, Mohagheghi P, et al. MODAClouds：A Model-driven Approach for the Design and Execution of Applications on Multiple Clouds［C］. In Proceedings of 2012 4th International Workshop on Modeling in Software Engineering, 2012, 50 – 56, Zurich, Switzerland.

［35］Asmus S, Fattah A, Pavlovski C. Enterprise Cloud Deployment：Integration Patterns and Assessment Model［J］. IEEE Cloud Computing, 2016, 3 (1)：32 – 41.

［36］Beloglazov A, Abawajy J, Buyya R. Energy-aware Resource Allocation Heuristics for Efficient Management of Data Centers for Cloud Computing［J］. Future Generation Computer Systems, 2012, 28 (5)：755 – 768.

［37］Bertsekas D P. Nonlinear Programming［M］. Athena Scientific. Belmont, MA：Athena Scientific, 2003.

［38］Calheiros R N, Vecchiola C, Karunamoorthy D, et al. The Aneka Platform and QoS-driven Resource Provisioning for Elastic Applications on Hybrid Clouds [J]. Future Generation Computer Systems, 2012, 28 (6): 861 – 870.

[39] Carlos F, Sergio I, Carlos O. The Impact of Virtual, Augmented and Mixed Reality Technologies on the Customer Experience [J]. Journal of Business Research, 2019, 100: 547 – 560.

[40] Clerc M, Kennedy J. The Particle Swarm-explosion, Stability, and Convergence in a Multidimensional Complex Space [J]. IEEE Transactions on Evolutionary Computation, 2002, 6 (1): 58 – 73.

[41] Crofton E, Botinestean C, Fenelon M, et al. Potential Applications for Virtual and Augmented Reality Technologies in Sensory Science [J]. Innovative Food Science & Emerging Technologies, 2019, 56: 178 – 189.

[42] Dörterler S, Dörterler M, Ozdemir S. Multi-objective Virtual Machine Placement Optimization for Cloud Computing [C]. In Proceedings of IEEE International Symposium on Networks, Computers and Communications, 2017: 1 – 6.

[43] Du L. Pricing and Resource Allocation in a Cloud Computing Market [C]. In Proceedings of IEEE/ACM International Symposium on Cluster, Ottawa, 2012: 817 – 822.

[44] Dutta, Chao G, Choudhary A. Risks in Enterprise Cloud Computing: The Perspective of IT Experts [J]. Journal of Computer Information Systems, 2013, 53 (4): 39 – 48.

[45] Gai K, Qiu M, Zhao H, et al. Energy-Aware Task Assignment for Mobile Cyber-Enabled Applications in Heterogeneous Cloud Computing [J]. Journal of Parallel and Distributed Computing, 2018, 111: 126 – 135.

[46] Garg S K, Yeo C S, Anandasivam A, et al. Environment-Conscious Scheduling of HPC Applications on Distributed Cloud-Oriented Data Centers [J]. Journal of Parallel & Distributed Computing, 2011, 71 (6): 732 – 749.

[47] Getzi L, Sharmila A. A Combined Forecast-based Virtual Machine Migration in Cloud Data Centers [J]. Computers & Electrical Engineering, 2018, 69: 287 – 300.

[48] Getzi J, Sharmila F. Resource-aware Virtual Machine Migration in IoT

Cloud [J]. Future Generation Computer Systems, 2018, 85: 173 – 183.

[49] Gholami M F, Daneshgar F, Low G, et al. Cloud Migration Process-A Survey, Evaluation Framework, and Open Challenges [J]. Journal of Systems and Software, 2016, 120: 31 – 69.

[50] Guo S, Liu J, Yang Y, et al. Energy-Efficient Dynamic Computation Offloading and Cooperative Task Scheduling in Mobile Cloud Computing [J]. IEEE Transactions on Mobile Computing, 2019, 18 (2): 319 – 333.

[51] Huang D, Yi L, Song F, et al. A Secure Cost-effective Migration of Enterprise Applications to the Cloud [J]. International Journal of Communication Systems, 2014, 27 (12): 3996 – 4013.

[52] Khajeh-Hosseini A, Greenwood D, Sommerville I. Cloud Migration: A Case Study of Migrating An Enterprise IT System to IaaS [C]. In Proceedings of IEEE 3rd International Conference on Cloud Computing (CLOUD), 2011: 450 – 457.

[53] Khosravi A, Andrew L L H, Buyya R. Dynamic VM Placement Method for Minimizing Energy and Carbon Cost in Geographically Distributed Cloud Data Centers [J]. IEEE Transactions on Sustainable Computing, 2017, 2 (2): 183 – 196.

[54] Leymann F, Fehling R, Nowak A, et al. Moving Applications to the Cloud: An Approach Based on Application Model Enrichment [J]. International Journal of Cooperative Information Systems, 2011, 20 (3): 307 – 356.

[55] Li C, Feng D, Hua Y. Efficient Live Virtual Machine Migration for Memory Write-intensive Workloads [J]. Future Generation Computer Systems-the International Journal of eScience, 2019, 95: 126 – 139.

[56] Li S, Li W, Liu H, et al. A Stackelberg Game Approach toward Migration of Enterprise Applications to the Cloud [J]. Mathematics, 2021, 9 (19): 2348.

[57] Li S, Li W, Sun W, et al. Nonconvex Resource Allocation for Inelastic Enterprise Applications Deployment into the Cloud via Particle Swarm Optimization [J]. Journal of Intelligent and Fuzzy Systems, 2023, 44 (3): 3807 – 3823.

[58] Li S, Liu H, Li W, et al. An Optimization Framework for Migrating and Deploying Multiclass Enterprise Applications into the Cloud [J]. IEEE Transactions on Services Computing, 2023, 16 (2): 941 – 956.

[59] Li S, Sun W. Utility Maximisation for Resource Allocation of Migrating Enterprise Applications into the Cloud [J]. Enterprise Information Systems, 2021, 15 (2): 197 – 229.

[60] Li S, Sun W, Hua C. Optimal Resource Allocation for Heterogeneous Traffic in Multipath Networks [J]. International Journal of Communication Systems, 2016, 29 (1): 84 – 98.

[61] Li S, Sun W, Tian N. Resource Allocation for Multi-class Services in Multipath Networks. Performance Evaluation, 2015, 92: 1 – 23.

[62] Li S, Zhang Y, Sun W. Optimal Resource Allocation Model and Algorithm for Elastic Enterprise Applications Migration to the Cloud [J]. Mathematics, 2019, 7 (10): 909.

[63] Liang B, Wu D, Wu P, et al. An Energy-aware Resource Deployment Algorithm for Cloud Data Centers Based on Dynamic Hybrid Machine Learning [J]. Knowledge-Based Systems, 2021, 222: 107020.

[64] Liu B, Wang L, Jin Y, et al. Improved Particle Swarm Optimization Combined with Chaos [J]. Chaos, Solitons & Fractals, 2005, 25 (5): 1261 – 1271.

[65] Low C, Chen Y, Wu M. Understanding the Determinants of Cloud Computing Adoption [J]. Industrial Management & Data Systems, 2011, 111 (7): 1006 – 1023.

[66] Maciej M, Gideon J, Ewa D, et al. Algorithms for Cost and Deadline-constrained Provisioning for Scientific Workflow Ensembles in IaaS Clouds [J]. Future Generation Computer Systems, 2015, 48.

[67] Marks B R, Wright G P. A General Inner Approximation Algorithm for Nonconvex Mathematical Programs [J]. Operations Research, 1978, 26 (4): 681 – 683.

[68] Marston S, Li Z, Bandyopadhyay S, et al. Cloud Computing-The Busi-

ness Perspective［J］. Decision Support Systems, 2011, 51（1）: 176 – 189.

［69］ Mell P, Grance T. The NIST Defifinition of Cloud Computing［J］. National Institute of Standards and Technology, Gaithersburg, 2017: 267 – 269.

［70］ Meng X, Pappas V, Zhang L. Improving the Scalability of Data Center Networks with Traffic-aware Virtual Machine Placement［C］. Proceedings of 2010 IEEE INFOCOM, 2010: 1 – 9.

［71］ Meshkati J, Safi-Esfahani F. Energy-aware Resource Utilization Based on Particle Swarm Optimization and Artificial Bee Colony Algorithms in Cloud Computing ［J］. Journal of Supercomputing, 2019, 75（5）: 2455 – 2496.

［72］ Mian R, Martin P, Zulkernine F, et al. Cost-Effective Resource Configurations for Multi-Tenant Database Systems in Public Clouds［J］. International Journal of Cloud Applications and Computing, 2015, 5（2）: 1 – 22.

［73］ Mihailescu M, Teo Y M. Strategy-Proof Dynamic Resource Pricing of Multiple Resource Types on Federated Clouds［J］. Lecture Notes in Computer Science, 2010: 337 – 350.

［74］ Mishra S K, Puthal D, Sahoo B, et al. An Adaptive Task Allocation Technique for Green Cloud Computing［J］. Journal of Supercomputing, 2018, 74（1）: 1 – 16.

［75］ Nagamani H. Distance and Traffic Based Virtual Machine Migration for Scalability in Cloud Computing［J］. Procedia Computer Science, 2018, 132: 728 – 737.

［76］ Ochei L, Petrovski A, Bass J. Optimal Deployment of Components of Cloud-hosted Application for Guaranteeing Multitenancy Isolation［J］. Journal of Cloud Computing, 2019, 8（1）: 1 – 38.

［77］ Peter M, Timothy G. The NIST Definition of Cloud Computing［M］. Gaithersburg: NIST Special Publication, 2011.

［78］ Ponraj A. Optimistic Virtual Machine Placement in Cloud Data Centers Using Queuing Approach［J］. Future Generation Computer Systems-the International Journal of eScience, 2019, 93: 338 – 344.

［79］ Qiu C, Shen H, Chen L. Towards Green Cloud Computing: Demand

Allocation and Pricing Policies for Cloud Service Brokerage [C]. 2015 IEEE International Conference on Big Data, Santa Clara, 2015: 203 – 212.

[80] Qiu W, Zheng Z, Wang X, et al. Reliability-based Design Optimization for Cloud Migration [J]. IEEE Transactions on Services Computing, 2014, 7 (2): 223 – 236.

[81] Ramchand K, Chhetri M B, Kowalczyk R. Enterprise Adoption of Cloud Computing with Application Portfolio Profiling and Application Portfolio Assessment [J]. Journal of Cloud Computing, 2021, 10 (1): 1 – 18.

[82] Rankothge W, Le F, Russo A, et al. Optimizing Resource Allocation for Virtualized Network Functions in a Cloud Center Using Genetic Algorithms [J]. IEEE Transactions on Network and Service Management, 2017, 14 (2): 343 – 356.

[83] Rodrigues T G, Suto K, Nishiyama H, et al. Hybrid Method for Minimizing Service Delay in Edge Cloud Computing Through VM Migration and Transmission Power Control [J]. IEEE Transactions on Computers, 2017, 66 (5): 810 – 819.

[84] Ruben B, Kurt V, Jan B. Online Cost-efficient Scheduling of Deadline-constrained Workloads on Hybrid Clouds [J]. Future Generation Computer Systems, 2013, 29 (4): 9 – 13.

[85] Saini R, Anand N. A Multi-Objective Ant Colony System Algorithm for Virtual Machine Placement [J]. International Journal of Engineering Research & Applications, 2017, 7 (1): 95 – 97.

[86] Saure D, Sheopuri A, Qu H, et al. Time-of-Use Pricing Policies for Offering Cloud Computing as a Service [C]. IEEE International Conference on Service Operations and Logistics and Informatics, Qingdao, 2010: 300 – 305.

[87] Shi Y, Eberhart R C. Empirical Study of Particle Swarm Optimization [C]. In Proceedings of the IEEE Conference on Evolutionary Computation, Washington, DC, 1999: 1945 – 1950.

[88] Silva F, Manoel C, Monteiro C. Approaches for Optimizing Virtual Machine Placement and Migration in Cloud Environments: A survey [J]. Journal of Parallel and Distributed Computing, 2018, 111: 222 – 250.

［89］ Song F, Huang D, Zhou H, et al. An Optimization-based Scheme for Efficient Virtual Machine Placement ［J］. International Journal of Parallel Programming, 2014, 42 (5): 853 – 872.

［90］ Srikantaiah S, Kansal A, Zhao F. Energy-Aware Consolidation for Cloud Computing ［J］. Cluster Computing, 2008, 12 (1): 1 – 15.

［91］ Subashini S, Kavitha V. A Survey on Security Issues in Service Delivery Models of Cloud Computing ［J］. Journal of Network and Computer Applications, 2011, 34 (1): 1 – 11.

［92］ Sun W, Wang Y, Li S. An Optimal Resource Allocation Scheme for Virtual Machine Placement of Deploying Enterprise Applications into the Cloud ［J］. AIMS Mathematics, 2020, 5 (4): 3966 – 3989.

［93］ Tanaka M, Murakami Y. Strategy-Proof Pricing for Cloud Service Composition ［J］. IEEE Transactions on Cloud Computing, 2016, 4 (3): 363 – 375.

［94］ Teng F, Magoules F. Resource Pricing and Equilibrium Allocation Policy in Cloud Computing ［C］. IEEE International Conference on Computer and Information Technology, Bradford, 2010: 195 – 202.

［95］ Tian Z, Adel N, Rajkumar B. Performance Evaluation of Live Virtual Machine Migration in SDN-enabled Cloud Data Centers ［J］. Journal of Parallel and Distributed Computing, 2019, 131: 55 – 68.

［96］ Toosi A, Sinnott R, Buyya R. Resource Provisioning for Data-intensive Applications with Deadline Constraints on Hybrid Clouds Using Aneka ［J］. Future Generation Computer Systems, 2017: 48 – 55.

［97］ Varghese B, Buyya R. Next Generation Cloud Computing: New Trends and Research Directions ［J］. Future Generation Computer Systems, 2018, 79 (3): 849 – 861.

［98］ Wang T, Zhang G, Liu A, et al. A Secure IoT Service Architecture with an Efficient Balance Dynamics Based on Cloud and Edge Computing ［J］. IEEE Internet of Things Journal, 2019, 6 (3): 4831 – 4843.

［99］ Warneke D, Kao O. Exploiting Dynamic Resource Allocation for Efficient Parallel Data Processing in the Cloud ［J］. IEEE Transactions on Parallel and Distributed Systems, 2011, 22 (6): 985 – 997.

[100] Wu B, Lawless D, Bisbal J, Grimson J, et al. Legacy System Migration: A Legacy Data Migration Engine [C]. In Proceedings of 17th International Database Conference, 1997, 67: 129 – 138.

[101] Wu L, Garg S, Buyya R. SLA-based Resource Allocation for Software as a Service Provider (SaaS) in Cloud Computing Environments [J]. IEEE Computer Society, 2011: 195 – 204.

[102] Wu Q, Ishikawa F, Zhu Q, et al. Energy and Migration Cost-Aware Dynamic Virtual Machine Consolidation in Heterogeneous Cloud Datacenters [J]. IEEE Transactions on Services Computing, 2019, 12 (4): 550 – 563.

[103] Xiao Z, Ming Z. A State Based Energy Optimization Framework for Dynamic Virtual Machine Placement [J]. Data & Knowledge Engineering, 2019, 120: 83 – 99.

[104] Xu L, Li J. Building Efficient Resource Management Systems in the Cloud: Opportunities and Challenges [J]. International Journal of Grid and Distributed Computing, 2016, 9 (3): 157 – 172.

[105] Yang Z, Chen C, Lin Y, et al. Effect of Spatial Enhancement Technology on Input Through the Keyboard in Virtual Reality Environment [J]. Applied Ergonomics, 2019, 78: 164 – 175.

[106] Zhang W, Berre A, Roman D, et al. Migrating Legacy Applications to the Service Cloud [C]. In Proceedings of International Conference on Object Oriented Programming, Systems, Languages and Applications, 2009: 59 – 68.

[107] Zheng J, Cai Y, Wu Y, et al. Dynamic Computation Offloading for Mobile Cloud Computing: A Stochastic Game-Theoretic Approach [J]. IEEE Transactions on Mobile Computing, 2019, 18 (4): 771 – 786.

[108] Zhu Q, Agrawal G. Resource Provisioning with Budget Constraints for Adaptive Applications in Cloud Environments [J]. IEEE Transactions on Services Computing, 2012, 5 (4): 497 – 511.